国际传媒前沿研究报告译丛
黄晓新　刘建华　/ 主　编

MEDIA INDUSTRY STUDIES

传媒产业研究

〔英〕丹尼尔·赫伯特
〔英〕阿曼达·D. 洛茨　　/ 著
〔英〕阿斯温·普纳坦贝克

刘　盼　李文竹　刘一煊　/ 译

中国书籍出版社
China Book Press

图书在版编目（CIP）数据

传媒产业研究 /(英)丹尼尔·赫伯特,(英)阿曼达·D.洛茨,(英)阿斯温·普纳坦贝克著；刘盼,李文竹,刘一煊译. -- 北京：中国书籍出版社,2023.8
书名原文：Media Industry Studies
ISBN 978-7-5068-9379-4

Ⅰ.①传… Ⅱ.①丹… ②阿… ③阿… ④刘… ⑤李… ⑥刘… Ⅲ.①传播媒介—产业经济学—研究 Ⅳ.①G206.2

中国国家版本馆CIP数据核字(2023)第062992号

著作权版权登记号/图字01-2023-1526

翻译自Media Industry Studies (1st Edition)
By Daniel Herbert, Amanda D. Lotz, Aswin Punathambekar 2020, Media Industry Studies (1st Edition)
This edition is published by arrangement with Polity Press Ltd., Cambridge.
The simplified Chinese translation rights are arranged through Rightol Media.
（本书中文简体版权经由锐拓传媒取得，Email: copyright@rightol.com）

传媒产业研究

［英］丹尼尔·赫伯特　　［英］阿曼达·D.洛茨　　［英］阿斯温·普纳坦贝克 著
刘　　盼 李文竹 刘一煊 译

责任编辑	宋　然
责任印制	孙马飞　马　芝
封面设计	春天·书装工作室
出版发行	中国书籍出版社
地　　址	北京市丰台区三路居路97号（邮编：100073）
电　　话	（010）52257143（总编室）　（010）52257140（发行部）
电子邮箱	eo@chinabp.com.cn
经　　销	全国新华书店
印　　刷	三河市富华印刷包装有限公司
开　　本	710毫米×1000毫米　1/16
字　　数	172千字
印　　张	14
版　　次	2023年8月第1版
印　　次	2023年8月第1次印刷
书　　号	ISBN 978-7-5068-9379-4
定　　价	70.00元

版权所有　翻印必究

国际传媒前沿研究报告译丛（8卷本）
编辑委员会

学术顾问： 胡百精　喻国明　周蔚华　魏玉山　张晓明　孙月沐
　　　　　　梁鸿鹰　林如鹏　方立新　喻　阳　于殿利　杨　谷
　　　　　　王　青　贺梦依　隋　岩　熊澄宇　邓逸群　谢宗贵
　　　　　　武宝瑞　高自龙　施春生　林丽颖　张　坤　韦　路
　　　　　　（排名不分先后）

主　编： 黄晓新　刘建华

编　委： 刘向鸿　李　淼　师力斌　孙佩怡　康　宏　杨驰原
　　　　　张文飞　董　时　刘一煊　赵丽芳　卢剑锋　王卉莲
　　　　　黄逸秋　李　游　王　珺　逯　薇　王　莹　杭丽芳
　　　　　刘　盼　李文竹　洪化清　黄　菲　罗亚星　任　蕾
　　　　　穆　平　曾　锋　吴超霞　邹　波　苏唯玮　汪剑影
　　　　　潘睿明　傅　烨　肖　蕊　杨青山　杨雨晴　黄欣钰
　　　　　邱江宁　周华北　林梦昕　王梓航　韩国梁　史长城
　　　　　牛　超　薛　创　庞　元　王　淼　朱　琳
　　　　　（排名不分先后）

出品单位： 中国新闻出版研究院传媒研究所

著者简介

丹尼尔·赫伯特，密歇根大学电影、电视与媒体系副教授。

阿曼达·D.洛茨，昆士兰科技大学数字媒体与传播专业教授。

阿斯温·普纳坦贝克，弗吉尼亚大学媒体研究专业副教授。

译者简介

刘盼，女，江西萍乡人，毕业于江西师范大学外语专业，现供职于南昌市东湖区融媒体中心，参加中国传媒融合创新研究、中国传媒社会责任研究等多项课题。

李文竹，女，山东德州人，中国新闻出版研究院传媒研究所特邀研究员，中国人民大学新闻学博士，主要从事新闻传播理论、环境传播研究。

刘一煊，女，河北承德人，中国传媒大学本科毕业，英国诺丁汉特伦特大学电影专业研究生毕业，曾担任英剧短片 *Fake Principal*、*Dream Binoculars* 和电影《第一眼爱情》《塞罕坝上》编剧、制片人等，曾任经济日报（集团）《经济》杂志、经济网记者。

译丛前言

传播是人类与生俱来的行为，人类社会的不断发展带动传媒技术的不断变革与传媒形态的不断创新。传媒的进化发展反作用于人类社会，发挥社会监督、协调沟通、经济推动与娱乐润滑的作用，促进人类社会的不断进步。

加拿大著名传播学者麦克卢汉的"媒介即信息"认为，媒介所刊载的内容并不重要，重要的是媒介本身，一种媒介其实是一个时代一个社会文明发展水平的标志，它所承载的"时代标志性信息"是辽阔的、永恒的。一部文明史，其实质就是人类使用传播媒介的历史，也是传媒从简单到复杂的发展历史。

媒介发展史其实就是媒介技术变革史，正是因为造纸技术、印刷技术、电子技术、数字技术、网络技术、移动技术、人工智能等新技术的出现，人类传播从口耳相传走向窄众传播、大众传播，又从大众传播走到分众传播、精准传播，一切皆媒介、人人皆传播成为现实，世界也就成为名副其实的"地球村"。

进入 21 世纪以来，由于互联网特别是移动网络和数字技术的发展和普及，带来新的传媒革命，重构社会生态。党中央审时度势、高度重视、周密部署，2013 年我国开启传统媒体与新兴媒体融合发展的步伐。经过 10 年来各方面的共同努力，我国传媒融合发展取得显著成效，相当多的主流融媒体机构已经成型，融媒体传播能力已经具备，融媒体内容生产提质增效，主流舆论阵地得到稳固，媒体融合加快向纵深发展，并正在构建"全媒体传播体系"。在这个过程中，我们需要了解掌握国外媒体的融合现状、发展道路和趋势，学习借鉴国外媒体融合发展、建设的经验教训，为我所用，进一步攻坚克难。

中国传媒业作为文化产业的核心组成部分，在我国政治经济文化社会生活中发挥着信息传播、人际沟通、休闲娱乐和舆论引导、社会治理的功能，具有举足轻重的地位。国际传播能力也在不断提高，在国际传媒舞台上获得了一定的地位。但是，与纽约时报（The New York Time）、新闻集团（News Corporation）等国际传媒大鳄相比，我们的传播实力与国际地位还远远不足不够，在掌握国际话语权上还有较大的努力空间。

2022年10月16日，习近平总书记在党的二十大报告中指出，要"加强全媒体传播体系建设，塑造主流舆论新格局"，"增强中华文明传播力影响力。坚守中华文化立场……讲好中国故事、传播好中国声音，展现可信、可爱、可敬的中国形象。……推动中华文化更好走向世界"。要落实这一指示，夯实国际传播基础，增强中国软实力，提升国际话语权，我们既要利用国内政策与资源优势，也要了解国际先进传媒业的运作规律、基本格局和受众状况，知己知彼，才能把中华文化推向世界。

有鉴于此，我们组织编译出版了"国际传媒前沿研究报告"丛书。理论是灰色的，而实践之树常青。与以往的新闻传播理论著作译介相比，本套译丛更强调传媒发展实践，着重译介西方发达国家最新传媒发展态势的前沿研究报告，以鲜活的案例和有可操作性的做法，以及比较科学的理论总结，为中国传媒业提供切实可行的参照与抓手，加快走向世界的步伐，加快国内媒体与国际媒体的创新合作和"无缝对接"，加快建设国际一流媒体，为推动建设人类命运共同体作出贡献。

本译丛共8本，分别为《新媒体与社会》（美国）、《加拿大传媒研究：网络、文化与技术》（加拿大）、《传媒产业研究》（英国）、《德国传媒体系：结构、市场、管理》（德国）、《新视听经济学》（法国）、《俄罗斯传媒体系》（俄罗斯）、《澳大利亚的传媒与传播学》（澳大利亚）、《韩国传媒治理》（韩国）。

感谢中国新闻出版研究院，感谢业界、学界与政界的所有领导和师友，感谢本译丛版权方和相关机构的大力支持，感谢在外文转译为中文过程中立下汗马功劳的所有朋友们的努力、帮助和奉献，感谢中国书籍出版社的真诚付出。

由于水平和时间所限，译丛一定存在这样或那样的缺失和不足，望读者、专家不吝赐教。

黄晓新　刘建华
二〇二三年八月八日

以时空观民族观形质观深化文明交流互鉴[①]

（代序）

2022年10月16日，习近平总书记在党的二十大报告中指出，"增强中华文明传播力影响力。坚守中华文化立场……讲好中国故事、传播好中国声音，展现可信、可爱、可敬的中国形象。……深化文明交流互鉴，推动中华文化更好走向世界"[②]。中华文化影响力的提升和更好走向世界的一个重要基础就是世界文明的交流互鉴。他山之石可以攻玉，我们对其他优秀文明成果有了全面和深入的了解，可以借鉴其好的经验与做法，促进文化事业和文化产业繁荣发展，为国内外提供更多优秀文化产品，实现健康持续的文明交流互鉴。文化贸易是世界文明交流互鉴的一个非常有效的手段。对外文化贸易既包括文化产品的输出，也包括文化产品的输入，是输出与输入双向一体的过程。对于中华民族文化而言，兼容并蓄是其五千年惯以形成的品格，她对世界文化一直秉持开放借鉴的态度。要彰显中华文化在世界民族之林的应有位置，不仅需要输出我们的文化产品，而且也要输入世界优秀文化，以更好地发展中华民族文化，建设社会主义文化强国，增强中

---

① 本文作者刘建华，原载于《南海学刊》2022年11月第6期。
② 习近平.高举中国特色社会主义伟大旗帜为全面建设社会主义现代化国家而团结奋斗[EB/OL].新华社官方账号 https://baijiahao.baidu.com/s?id=1747667408886218643&wfr=spider&for=pc./2022-10/26/.

国国家文化软实力,提升中华文化国际影响力。输入世界文化的指导方针与基本原则就是文化扬弃,要对世界各民族文化进行抛弃、保留、发扬和提高。抛弃消极因素,利用积极成分,为中华民族文化发展到新的阶段做出贡献。本文以此为切入点,从时空观、民族观、形质观三个层面来研究分析文化产品输入的文化扬弃问题,力图为政府与贸易主体提供理论性的框架路线与实践性的方法指导,使世界优秀文化为我所用,"发展面向现代化、面向世界、面向未来的,民族的科学的大众的社会主义文化"。[①]

一、时空观与文化扬弃

对外文化贸易中,作为产品输入国,中国引进文化产品的指导思想与方法论就是文化扬弃。毛泽东指出,继承、批判与创新是文化扬弃的本质。毛泽东的文化扬弃理论的基本内涵是:"以马克思主义文化观为指导,尊重文化发展的否定之否定规律,从中国革命和建设的需要出发,批判地继承中外历史文化的成果,从而创造性地建设有中国特色的无产阶级新文化。"[②] 在具体文化实践中,毛泽东提出了文化扬弃的两条总原则,"一是坚持马克思主义文化观的指导,二是坚持从中国的具体情况出发,坚持为人民服务的方向"[③]。在这两条总原则下,要灵活机动地对中外文化进行继承、批判与创新。"历史上

---

① 习近平.高举中国特色社会主义伟大旗帜为全面建设社会主义现代化国家而团结奋斗[EB/OL].新华社官方账号 https://baijiahao.baidu.com/s?id=1747667408886218643&wfr=spider&for=pc./2022-10/26/.
② 常乐.论毛泽东的"文化扬弃论"[J].哲学研究,1994(2):4.
③ 常乐.论毛泽东的"文化扬弃论"[J].哲学研究,1994(2):6.

的许多文化遗产却并没有这种可以截然分割的具体形态，而是好坏相参、利害糅杂的有机统一体。"①对于国外文化的扬弃，毛泽东作了一个形象的比喻，"一切外国的东西，如同我们对于食品一样，必须经过自己的口腔咀嚼和胃肠运动，送进唾液胃液肠液，把它分解为精华和糟粕两部分，然后排泄其糟粕，吸收其精华，才能对我们的身体有益"②。

在对外文化贸易的实践中，文化输入是一个非常复杂而又需要大智慧与大战略的把关过程，它涉及本国消费者文化需求满足与本国文化价值观主体地位问题。在马克思主义的时空观理论中，时空的本质就是社会时空观，或者说是实践时空观。"实践是人的实践，社会也是人的社会，正是人通过长期的物质生产活动和人类之间的相互交往活动，才形成了人类社会和人类社会历史，世界历史无非是人通过人的劳动而诞生的历史"③。所谓实践时间，是指人类实践活动的持续性。所谓实践空间，是指实践运动的广延性。它包括地理空间与关系空间。前者是指以实体形式存在的地理环境，表现为人们进行生产、生活、科学研究和从事各种活动须臾不可缺少的场所。后者是交往空间，是人们实践活动中结成的经济、政治、文化生活等日常的和非日常的交往关系。实践空间是衡量人类对自然的占有规模以及人类社会联系和发展程度的特殊尺度。

每个时代有一定的文化产品，每个地理空间与关系空间也有一定的文化产品，它们有着各自的本质与特征。随着交通技术与信息技术

---

① 常乐.论毛泽东的"文化扬弃论"[J].哲学研究，1994（2）：3.
② 常乐.论毛泽东的"文化扬弃论"[J].哲学研究，1994（2）：5.
③ 黄小云等.论马克思时空观的实践维度[J].文史博览，2006（12）：33.

的发展，全球化成为现实，各国之间经济、文化、社会的联系与交往日益密切。中国在大力输出自己文化产品的同时，也在努力引进有益于本国经济、政治、文化、社会与生态文明建设的国外文化产品。而世界各国由于地理上的区隔及基于此的改造自然与社会的过程不同，其文化产品也是千姿百态，不同历史时期与不同区位的文化产品必然有其不同于中国文化实践的特征，也不一定都适合中国的文化消费需求。因此，只有对国外文化产品的时间结构与空间结构有准确的了解与把握，才能真正实现文化扬弃的产品输入。

1. 时间结构

关于文化产品的时间结构，我们可以从三个层面来进行分析。一是人类历史层面，二是产品时效层面，三是消费时长层面。

人类历史层面是指不同历史发展阶段的文化产品结构问题。对于不同的输入国来说，对不同时间段的文化产品的需求种类与数量是不同的。关于人类历史的划分，没有一个固定的标准。对于人类发展史上文化产品的时间划分，我们借用美国历史学家斯塔夫里阿诺斯在其著作《全球通史》中的划分标准，分为古典文明时期（公元500年之前）、中世纪文明期（公元500—1500年）、西方崛起文明期（公元1500—1763年）、西方优势文明期（公元1763—1914年）、现代文明期（1914年后）、当代文明期。

我们所说的文化贸易具体是指精神文化的贸易。精神文化又包括几个层面，一是指公益性的承载人类永恒价值的文化，一是指供大众消费娱乐的文化。从以上六个时间段来说，古典文明、中世纪文明、西方崛起与优势文明时期的文化，大多是指那种具有人类永恒价值的文化，主要指精英高雅文化，当然也包括一些民间通俗文化。现代科学技术飞速发展，传播技术不断改进以后，印刷、复制、传播、阅读等变得日益简单与普及，大众文化随之诞生。大众文化产品实质是当前国际文化贸易的主要内容。因为大众文化既能承载精英高雅文化内容，也能承载民间通俗文化内容，并在此基础上，创造出为当代大众所欢迎的文化产品。即使是芭蕾、歌剧等高雅文化内容，也能通过大众生产与传播手段，成为受众喜闻乐见的产品形式。从这个意义上来说，现代文明与当代文明期的文化，实质上主要是指以传媒产品为核心的大众文化产品。

因此，对于中国来说，在输入国外文化产品时，应当注意其历史时间结构。既要输入当代时尚的、先进的文化产品，又要考虑输入其古典文明期、中世纪文明期、西方崛起与优势文明期的精英高雅文化。这些文化具有永恒的人类价值，对于开启中国人的智慧、转换中国人的思维方式，具有巨大的借鉴作用。

产品时效层面是指文化产品的时效性结构问题。时效性是指信息的新旧程度、行情最新动态和进展。对于文化产品来说，我们根据其时间耐久的程度，可以分为即时性文化产品、一般性文化产品与恒久性文化产品。

即时性文化产品对时效性的要求最高，需要即时生产、即时传播、即时接受，一旦时过境迁，该文化产品就没有多大意义了。随着现代传播科技手段的发展，人们对信息时效性的需求将有增无减，永无止境。信息化时代，市场竞争日益激烈的时代，谁最早获得信息，谁将拥有决定胜负的主导权。如同商业竞争者们所说，当下不是大鱼吃小鱼的时代，而是快鱼吃慢鱼的时代。商业竞争如此，日常生活也是如此。人们不再满足于最近、昨天、上午等时间上的信息获得，他们需要了解今时今刻、即时即刻乃至将时将刻的信息，需要了解正在发生与将要发生的信息。但凡是提供这方面服务的传媒产品，必然受到欢迎。从另一个角度来说，如果某个媒体提供的新闻信息不能及时传播给受众，那将毫无意义。

即时性的文化产品主要是指提供新闻信息的大众传媒，诸如报纸、电视、互联网等，当下主要是指微博、微信、移动客户端等新媒体产品。对于中国来说，输入即时性的文化产品主要应该是指电视与互联网媒体。尤其是在网络社会与数字化时代，中国受众对世界各地发生的新闻需要有即时的了解，才能了解自己所处的环境，从而做出各种正确判断与决策。而广播、电视、互联网、微博、微信、移动客户端等，是人们即时掌握国外信息的主要手段。所以，中国必须选择与输入适宜的互联网新媒体及广播电视产品，以满足国内受众的文化需求。

一般性的文化产品是指在短期内或者近期内传播并有效消费的产品，也就是说，这类文化产品的时间跨度稍长，处在恒久性文化产品与即时性文化产品之间。这类文化产品具有当代时尚前卫的形式，是针对当代人的文化消费心理与需求而设计生产的，内容具有当下性，可以在一段时间（如一周、一个月、一年）之内有效传播并消费。当然，这个一段时间不具永恒性，过了一定的时间段，就有可能失去市场，难以为受众所接受。

通常而言，畅销书、音乐、广告、影视剧、演艺、动漫游戏、部分可视艺术（设计、工艺、书画）等，都属于一般性文化产品，它们的传播与消费可以持续一段时间，一两年之内不会过时。比如畅销书，一般拥有一年时间的市场。当然，时间不会太长，试想，十年前的畅销书，现在可能没有多少人愿意去看。流行音乐也是如此，今天的人们恐怕不会有太多人去听几年前甚至几十年前的流行音乐，有些流行音乐也许过几个月就没人去听了。广告、影视、动漫游戏等也是如此，我们不能总是把国外很多年前的电影引进来，因为影视剧还是具有一定的时代性，广告也是根据市场主体某个时段的营销计划而设计的，公司隔一段时间就更换广告深刻说明了这一点。部分工艺与书画作品也不一定具有恒久传播与消费价值，随着时代的变化，人们的消费偏好也会有所变化。譬如，书画领域的范曾热、启功热等，就说明了这一点。

恒久性的文化产品是指此类产品具有永恒价值，没有时效性，不论在什么时代都具有传播与消费价值。这类文化产品主要是指经典文学作品、音乐、工艺与书画艺术等。对于这些文化产品来说，输入者有充裕的时间去甄别去选择，根据本国消费者实际情况与思想意识形态指向，引进适销对路的文化产品。

文化产品的消费时长层面是指受众消费文化产品耗时多少的问题。文化产品是体验性的消费产品，是一种时间性产品。这就要求消费者必须对一个文化产品完整消费后，才能获得其价值，也才能知道是否满足其消费需求，也决定了消费者对此类产品的再购买。因此，把握消费者的消费时间观念就极为重要。消费者对文化产品耗时的接受程度是多元复杂的，不同职业、不同性别、不同年龄、不同民族的消费者，对同一类型文化产品的耗时长短定然不一。譬如电影，有些消费者可能喜欢 1 个小时之内时长的，有些消费者可能喜欢 1—2 个小时时长的，有些消费者可能喜欢 2—3 个小时时长的，当然，电影作为按小时计量消费的文化产品，绝不会达到四五个小时，这已超过了所有消费者的极限。因此，必须根据不同消费者的消费时间偏好，输入不同时长的电影。对于中国观众来说，目前比较喜欢的是长达近3小时的好莱坞大片，1小时左右的电影并不受其欢迎。在浅阅读时代，人们的眼球资源的确不够分配，也应运出现了读图书籍、短视频与微电影等，这就需要文化产品输入者进行及时把握与调整了。

所以，对于中国而言，文化产品输入者应该对不同人口统计特征的消费者进行深入研究分析，针对不同的消费时间偏好及其发展变化趋势，准确引进不同时长的国际文化产品。影视剧、歌舞演艺、图书等文化产品，尤其受消费时长的影响，而这些产品又是国际文化贸易的主要对象，因此，有必要对这些文化产品做出详细分析与区隔，进行分门别类的引进。

2. 空间结构

文化产品的空间结构包括地理空间与关系空间两个层面。

从地理空间来看，2019年，根据商务部服贸司负责人的介绍，"从国别和地区看，中国文化产品对东盟、欧盟出口增长较快，分别增长47.4%、18.9%；对'一带一路'沿线国家出口增长24.9%；对美出口下降6.3%"[①]。根据商务部一位新闻发言人的介绍，"2017年，美国、中国香港、荷兰、英国和日本为中国文化产品进出口前五大市场，合计占比为55.9%，我国与'一带一路'沿线国家进出口额达176.2亿

---

① 数据来源于中国新闻网，https://baijiahao.baidu.com/s?id=1661399484447253162&wfr=spider&for=pc，2021-8-20。

美元，同比增长18.5%，占比提高1.3个百分点至18.1%，与金砖国家进出口额43亿美元，同比增长48%。文化产品出口881.9亿美元，同比增长12.4%；进口89.3亿美元，同比下降7.6%。顺差792.6亿美元，规模较去年同期扩大15.2%"①。从更早的时间2012年来看，中国引进的文化产品分布情况如下②：我国文化产品进口国家的地理分布都是美洲、欧洲、亚洲、大洋洲的分布格局，几乎没有非洲国家的文化产品。从国家个数来看，排名前15的进口国中，欧洲国家最多，核心文化产品国家中有6个，占40%；亚洲国家与地区居次，有5个，占33.3%；美洲国家排第三，有3个，占20%；大洋洲只有澳大利亚，非洲国家缺位。从进口金额来看，欧美国家份额最大，2012年1月份核心文化产品进口额为1902.9万美元，占排名前15的国家总额3821.7万美元的一半；亚洲国家与地区1896.9万美元，几乎占据另外一半份额。也就是说，从空间结构来说，中国文化产品进口国主要是欧美国家与亚洲国家，各占据半壁江山。欧美国家主要集中在经济发达资本主义国家，亚洲国家与地区主要集中在日本、韩国与中国台湾及香港地区。值得一提的是，近几年中国与"一带一路"沿线国家和地区的对外文化贸易规模逐步扩大。

这个地理空间结构存在较大的非均衡，欧美国家主要是英美等老牌资本主义国家，应该要兼及对东欧及南美洲一些国家文化产品的进口。亚洲方面，主要是日本、韩国、中国香港、中国台湾等东亚国家

---

① 数据来源于中国产业信息研究网，http://www.china1baogao.com/data/20180209/1578390.html，2021-8-20.
② 数据来源于商务部服务贸易司，《2012年1月我国核心文化产品进出口情况简析》，中国商务部 http://www.mofcom.gov.cn/aarticle/difang/yunnan/201204/20120408067456.html，2012-4-19.

与地区,而东南亚、西亚与中亚(如印度、泰国、埃及)等国家,虽然在"一带一路"建设倡议下各个指标有所提高,但尚需加大文化产品进口力度。至于非洲国家,也应该有一定的文化产品进口计划,以加强中国与非洲国家的文化交流与互动,从而更好地促进中华文化在非洲国家的影响力。

从关系空间来看,凡是与中国建立外交关系,或者有政治、经济、文化与社会其中之一交往关系的国家与地区,在理论上都应该与中国有文化贸易关系,既包括中国文化产品的输出,也包括中国对这些国家与地区文化产品的输入。只有坚持这种开放与公平的文化交流立场,才能真正使中华文化在世界上有着独立而不可替代的地位,成为公平与正义的代言人,拥有不可小视的话语权,为人类文明的发展与进步做出应有的贡献。

3. 时空文化产品的扬弃

文化产品因其时间性与空间性,结构繁杂多元,中国输入国际文化产品时,应该坚持均衡与适时的文化扬弃策略。

所谓均衡策略,是指文化产品空间结构的合理安排。既要按照先进性原则,大力引进发达国家,特别是西方发达资本主义国家的先进文化。这些文化产品蕴含着人类发展的最前沿思潮与科技创新,对中国文化的发展,对中国人民思维方式的转变,对中国人民知识结构的改善,对中国经济、政治、文化、社会与生态文明的进步,具有巨大的促进作用,应该大力引进。同时,我们又要按照均衡与公平原则,对凡是与中国有经济、政治、文化、社会交往关系的国家,进行一定的文化输入。要在文化没有优劣的理念指导下，对五大洲各个国家的文化产品进行适量而科学的引进。这不仅仅是为了让中国人民了解这些东道国的文化，更重要的是树立中国坚持文化平等交流的大国形象，消解世界各国对中国崛起称霸全球的误会，使中国文化获得更多国际受众的了解与认可，为中华民族文化在世界民族之林中争得应有地位。

所谓适时策略，主要是指对时间文化产品的合理安排与引进。要科学地对国际文化产品按照人类历史层面、产品时效层面、消费时长层面进行分类引进，要在对本国消费者进行深入科学的调研基础上，适时引进不同时间特性的文化产品。从人类历史层面来看，我们不仅要引进现当代的大众文化产品，而且也要引进古典文明时期、中世纪文明时期、西方崛起文明时期与西方优势文明时期各个国家的经典作品，如欧洲文艺复兴时期的哲学与文艺作品、古埃及与古印度的经典文艺与宗教作品。从产品时效层面来看，我们应对国际文化产品的即时性、一般性与恒久性进行区隔，针对本国消费者时间偏好进行适销对路的产品引进。从消费时长来看，要具体把握国内消费者的时间弹性，认清不同国家消费者在文化产品耗时容忍度上的差异，在此基础上，对不同时长的文化产品进行有效引进。

二、民族观与文化扬弃

本文所说的民族文化产品，是指从价值观与思维方式视角来审视的文化产品，也就是说，这些文化产品代表着一个民族的核心价值观与思想意识形态，是一个民族国家合法性存在的前提。从这个意义上来看，作为文化产品引进者，我们必须对某个民族文化产品持辩证的态度，既要认识到该民族文化是该民族国家合法性存在所必不可少的东西，是维系该民族团结、发挥凝聚力与创新力作用的精神性东西；又要清醒地知道，对于自己国家来说，该民族文化产品不一定有其合理之处与存在价值，有些甚至对自己国家文化价值观与思想意识形态的维系起着消解作用。因此，我们需要对某个民族文化产品进行审慎对待与科学分析，需要输入者具有高远的智慧与精准的把关能力，一是尽量输入民族精粹成分占优势的文化产品；二是在两者难以分开的情况下，引进时要对国内消费者进行一定的国际文化鉴赏素养教育，使消费者自己能主动区分并吸收该民族文化精粹，抛弃文化糟粕。

1. 民族精粹与糟粕

首先，我们需要界定何为民族精粹与民族糟粕。所谓民族精粹，是指在某个民族文化中，维系该民族凝聚力、激发其创新力的反映特定价值观与思想意识形态的文化成分。所谓民族糟粕，是指存在于民族文化中，宣传封建迷信霸权，压制个性创造，忽视人本、民主与科学精神的文化成分。在世界各国民族文化中，既存在那种崇尚个性、尊重人本、主张科学民主的文化，也必然存在不同样式的文化糟粕。

其次，我们需要界定民族精粹与民族糟粕的表现形态。对于民族精粹的表现形态，就中国而言，可以从优秀传统文化、主流意识形态文化与先进文化三个层面进行剖析。优秀传统文化主要是指在中华五千年文明历史中，中国劳动人民在改造自然与社会的实践中所形成的民族文化精粹，包括：普适性的科学文化，如四大发明、地动仪等；精英文化，如诸子百家的学说，尤其是儒家的仁爱谦和文化，历代文人墨客对生活与社会感悟的优秀文学作品（李白、白居易诗歌，四大名著等）；民间文化，如各种民间文学，流传于老百姓生活中的风俗与习惯等。就国际文化而言，主要包括优秀传统文化、科学技术文化等。譬如西方文化，其民族精粹就是其科学、民主、人本精神与丰富的科学技术发明，当然，也包括西方历史上哲人大师的作品，如柏拉图、亚里士多德、康德、莎士比亚、贝多芬、凡·高、韦伯等人的著作。科学家们的理论著述与实践发明等，也是其民族文化精粹，需要吸收利用。当下来看，西方民族文化精粹与糟粕交错在一起，其糟粕具有很大的隐蔽性，往往以娱乐的形式，打着人本、民主、科学的旗号，大肆进入世界各国，特别是对发展中国家来说，往往被这些"普世性"文化所迷惑，在享受其文化精华的同时，不知不觉也为其糟粕所俘虏，对本民族文化价值观与思想意识形态构成巨大威胁。例如，我们在享受好莱坞电影、迪士尼文化、麦当劳文化的同时，也被美国文化中的个人主义、拜金主义所影响。具体而言，当下世界各国文化精粹与文化糟粕交错在一起的表现形态就是以娱乐为主的大众文化产品，包括报纸期刊、影视剧、动漫游戏、广告、流行音乐、畅销书、文化旅游、互联网、新媒体等。相对而言，高雅艺术如歌舞剧、经典作家图书、可视艺术（绘画）、经典音乐等，则侧重于表现一个民族文化中的精华内容。

最后，我们需要厘清民族精粹与民族糟粕的作用与影响。对于文化产品输入国来说，引进的文化产品优劣，直接影响到该民族的文化价值观与思想意识形态，影响一个国家的凝聚力与创造力，甚至影响一个社会的动荡与政权的更迭。东欧剧变与苏联解体，使西方国家认识到，比军队大炮更有力更隐蔽的武器应该是文化，于是，硬实力之争转变为软实力之争。经济全球化与文化全球化背景下，各民族国家不能独立于国际文化交流之外。实际上，国际文化交流也的确能够促进一个民族国家经济社会的发展，能够给本国人民带来更多福利。但是，文化毕竟是一个民族国家合法性存在的前提，倘若一个国家的民族文化全然被他国文化所代替，则这个民族国家也就丧失了存在的合法性了。更严重的是，西方经济发达国家，对于和自己政治制度不同的国家抱有敌意，一些政客总是希望通过对别国的控制来攫取更多的利益，形成民族国家之间的不公与非正义。因此，他们有意无意把所谓的普世文化掺杂在各种形式的文化产品中，以达到和平演变、不战而屈人之兵的成效。鉴于此，文化产品输入国应该深切认识各国文化精粹的促进作用与文化糟粕的破坏性，以审慎的态度、科学的方法、高瞻的智慧、宽大的胸怀、自信的立场，引进国际文化产品，有效利用并提升其文化精粹的促进作用，排除并解构文化糟粕的破坏作用。

2. 民族文化产品的扬弃

要有效利用民族文化精粹并解构民族文化糟粕，就要采取毛泽东所说的"吸取精华、去其糟粕"的文化扬弃原则。要做到此，需要从以下三方面入手。

第一，从市场主体来说，需要其兼顾社会效益与经济效益，做一个具有民族发展责任的企业。在对民族文化产品的扬弃过程中，涉及价值观与思想意识形态的一致与冲突问题，关乎整个国家的民族价值观与主流意识形态的形成与传承问题。对外文化贸易中，作为以利润最大化追求为目标的市场主体，偏重对经济效益的考虑定然会多些，这也是无可厚非的。对于具有巨大市场价值的国际文化产品，市场主体必然积极引进，以规避投资风险，寻求利益最大化。然而，民族价值观与主流思想意识形态的维系是所有中国人都应尽的责任与义务。作为中华大家庭中的一员，市场主体在具体的文化贸易执行过程中，也应该有这种责任意识与义务担当，社会效益的维系也必然成为其引进国际文化产品的一个首要度量因素。

第二，从消费者来说，需要具有古为今用、洋为中用的思想境界，做一个有民族荣辱感的主人翁。国际文化产品到达消费者手中时，已经是一个精神产品的接受过程。消费者在体验性消费后，获得的是精神上的收益。精神文化产品的消费过程，不仅能给消费者带来精神性的快感，也会加深、改变或破坏消费者已有的价值观与思想意识形态。如果某种文化产品所承载的文化价值观与思想意识形态与消费者既有的价值观和思想意识形态存在相同或呼应之处，则会强化与加深这些价值观与思想意识形态。如果是相反或者有所偏差，则有可能对消费者既有的价值观与意识形态产生冲击，或者偏离，或者破坏，或者改变。因此，作为消费者，必须有一定的国际文化产品鉴赏能力，要具有"古为今用、洋为中用"的思想境界，以一种中华民族文化主人翁的姿态，对国际民族文化产品进行抛弃、保留、发扬和提高，吸收其有利文化成分。

第三，从政府监管者来说，需要其制定科学有效的民族精粹与糟粕的鉴别框架体系，做一个有民族振兴使命感的主导者。国际民族文化产品，有着不同于普适性的科学技术文化产品或纯粹性娱乐文化产品的本质特征，它所蕴含的价值观与思想意识形态对消费者个体和民族国家的作用并不相一致。同样的文化产品，对消费者个体来说，提供的可能是正向精神福利，但对民族国家来说，也许是负向精神福利。譬如，消费者在消费好莱坞电影时，美国式的叙事方式与高科技技术手段，的确让消费者享受到了正向精神福利，但隐含在影片中的美国价值观与思想意识形态会潜移默化地影响消费者的价值观与思想意识形态，这对一个民族国家而言，具有巨大的威胁，是一种负向精神福利。因此，作为监管者的政府管理部门，必须成为国际文化产品输入过程中的主导者，才能确保文化产品给消费者个体与民族国家提供最大化的正向福利。基本做法是：首先，政府监管者要明确本国涉及价值观与思想意识形态的文化构成。其次，在文化产品的输入实践中，政府部门要制定一个详细的文化产品引进指导方案，对普适性的科学技术文化、纯粹娱乐性文化与价值观和思想意识形态文化进行区分，分门别类。最后，政府部门要构建民族文化产品社会效益评估指标体系，综合评估给输入国带来的正向社会效益与负向作用，做出是否引进的决策。

三、形质观与文化扬弃

形质是普遍地当作一个词语来进行理解的，字典上的解释有肉体、躯壳，外形、外表，才具，气质，形制，形式等。在中国书画艺术中，形质与意象相对应。在建筑、文学等艺术创作中，有形质与意的呼应及渗透问题。中国太极中，也有形质与神意的说法，即以形取意，以意象形。在西方，有一个形质学派，该学派起源于 1890—1900 年间，由布伦塔诺的弟子厄棱费尔和麦农创立，他们接受了布伦塔诺的思想，将布伦塔诺的意动心理学具体运用到形 (form)、形质 (form-quality) 的形成，认为形、形质的形成既不是感觉的复合，也不是马赫所说形式是一种独立的存在，而是由于意动，才使形、形质呈现出来。形质学派的初衷是对元素主义进行批驳。他们自称发现了一种新元素，并由注重形质而研究复型，后又由复型的分析发现倾向于意动的探讨。形质学派一方面发展了马赫的感觉理论，另一方面又为格式塔心理学派提供了一套完整的形质的概念与理论根据。在知觉理论上，形质学派是由元素主义向格式塔心理学过渡的桥梁。

通过以上关于形质的解释与分析，我们不是想把某种理论简单拿过来分析文化产品，而是力图汲取其中的养料，结合文化贸易实践，分析在引进国际文化产品时，如何在形质上进行评判，以输入适宜的国际文化产品。不论是书画艺术、太极拳，还是西方的形质学派，他们都注重一种事物形式与内涵的完美结合。在中国艺术理论领域，形质偏重于指外形、形态，指人们能观看得到的外在形象。西方的形质学派认为，外形的形成，有赖于意动，这实际上是指事物内涵对人们知觉上的刺激，在内涵意动的驱动下，事物的形质才得以呈现。英文单词 form-quality，就是形式与才质的复合体，这说明了形式与才质交错结合的必要性及它们对于消费者知觉刺激上的必要性。对于文化产品来说，只有美的形态与优的才质的完整结合体，才能值得我们去引进，才能值得本国受众去消费，才能对本国文化创新发展发挥积极有效的作用。

其实，形质一词既包含了外形之义，也兼具才质之指。我们更应该把它作为一个短语来理解，即通常所说的文质彬彬，指的是文采与质量都非常好。对于文化贸易实践来说，我们也应该引进"形质彬彬"的国际文化产品。出于研究上的方便，我们从产品类型与产品才质两个方面分别分析国际文化产品的特征。

1. 产品类型

如果按照两分法，我们可以把文化产品分成有形的与无形的两种。前者是指文化产品实体，后者指的就是版权。文化产品实体包括由产品输出国生产的新闻、报刊、图书、音像、广播影视、广告、动漫游戏、演艺歌舞、可视艺术（工艺品、书画等）、互联网、新媒体等。版权即著作权，是指文学、艺术、科学作品的作者对其作品享有的权利（包括财产权、人身权）。版权是知识产权的一种类型，它是由自然科学、社会科学以及文学、音乐、戏剧、绘画、雕塑、摄影和电影摄影等方面的作品组成。

在国际文化贸易中，既有图书、影视剧、音像制品、绘画、工艺品等实物的贸易，如各种图书博览会、电影节、文化旅游等，也包括关于此类文化产品的版权贸易。在智能技术、移动技术、数字技术与网络技术时代，全媒体的产生，可以使不同媒体形态的内容同时在不同类型媒体上进行传播与消费，媒介介质的边界得以消失，这为版权贸易创造了更加有利的条件，版权贸易是将来文化贸易的主体形式。

从具体的形态来看，国际文化产品的类型主要包括核心文化产品、外围文化产品与相关文化产品三大层次。在当下的对外文化贸易实践中，中国主要侧重输入世界各国优秀的核心文化产品与外围文化产品，这类产品对于文化价值观与思想意识形态的维系起着重大作用，影响一国凝聚力的形成，决定一国文化软实力的强弱，对于一国文化创造力与影响力具有巨大的促进或破坏作用。

国家统计局和中宣部共同编辑的《中国文化及相关产业统计年鉴.2020》数据显示，2019年我国文化及相关产业进出口总额为1114.5亿美元，出口额为998.9亿美元，进口额为115.7亿美元，顺差为883.2亿美元。贸易顺差的扩大，一方面说明了我国文化实力在不断增强，文化产品获得了国际市场的认可；另一方面，也显示了我国在对国外文化产品的引进力度上还有不足。作为一个经济实力全球排名第二的大国，要建成文化强国，除了让自己的文化产品走出去，还应该把世界优秀文化产品引进来，只有在与全人类优秀文化产品的交流互动中，借鉴吸取其精华和优点，才能不断生产出更优秀的文化产品，真正成为有全球影响力的文化强国。反观当下文化进口现状，还是有较大的提升空间。有关数据显示，"2019年我国文化进口方面，图书、报纸期刊、音像制品及电子出版物为16.5亿美元，其他出版物为4.5亿美元，工艺美术品及收藏品为36.8亿美元，文化用品为23.9亿美元，游艺器材及娱乐用品为11.1亿美元，文化专用设备为38.4亿美元"[1]。纵观中国核心文化产品的引进情况，总体来说，类型日益多样，新闻出版、图书、期刊、电子出版物、广电影视等都包括其中，引进数量、金额与版权数也在不断增加。但是，问题也很明显，一是引进总量偏小，二是仅限于图书、期刊、电影的引进，并且主要是图书的引进，包括实体图书与版权的引进。近年来在文化产品引进工作上有了提升，如电影方面，2012年，中国在原本每年引进20部美国电影的基础上增加了14部IMAX或3D电影，中国观众看到了更多的美国电影。近年来，随着国产片的壮大，进口片票房所占份额在不

---

[1] 国家统计局社会科技和文化产业统计司，中宣部文化体制改革和发展办公室编.中国文化及相关产业统计年鉴.2020[M]，北京：中国统计出版社，2020：245.

断压缩，2018年为35%左右，进口片包括美国片、印度片、日本片、法国片等，但贡献份额最大的还是美国片。

在文化产品引进上，我们还需要在产品类型上多下功夫，既要引进那些优秀的为我国受众所喜闻乐见的产品，又要考虑不同民族国家不同类型文化的独特性，引进丰富多元的文化产品。

2. 产品才质

产品才质主要是指引进的文化产品的质量。ISO8402对质量的定义是：反映实体满足明确或隐含需要能力的特性总和。ISO9000对质量的定义是：一组固有特性满足要求的程度。美国著名的质量管理专家朱兰（J.M.Juran）博士从顾客的角度出发，提出了产品质量就是产品的适用性。即产品在使用时能成功地满足用户需要的程度。适用性恰如其分地表达了质量的内涵。这一定义突出使用要求和满足程度两个重点。对于文化产品来说，其质量的内涵极为复杂。一般来说，文化产品分为社会客体与精神客体两个方面。作为社会客体，主要体现为物质形态、设计、包装等方面。消费者对其的使用要求主要落在美观、舒适、简便等方面，并因人、因时、因地、因民族而不同。虽然复杂多元，但基本的使用要求与一般工商产品并没有太大差异，只要紧扣产品性能、经济特性、服务特性、环境特性与心理特性等同几个方面的满足即可，其追求的是性能、成本、数量、交货期、服务等因素的最佳组合。

对于文化产品的精神客体来说，其质量要求与满足非常难以把握。由于文化产品的精神属性与符号特征，生产者总是以一定的规则与方式把意义编码进去，因此消费者必须具备与生产者共通的文化空间，才能进行准确的解码，不然，就会发生霍尔所说的偏向解读与反向解读。即使是优秀的文化产品，在输入国消费者看来，也就一文不值，遭到唾弃。对引进文化产品精神客体的才质判断是：在使用要求方面，主要包括信息获得、娱乐休闲、思想情操陶冶、良好价值观塑造、思想意识形态强化等。在满足程度方面，对于消费者个体而言，主要是信息获得的及时性、身心放松、精神世界的净化、良好道德的培养、良好的售后服务等；对于民族国家而言，主要偏重于文化价值观与统治阶级意识形态的维系与强化。如果引进的文化产品对一国价值观与思想意识形态构成威胁甚至破坏，在输出国或其他国家看来非常优秀的文化产品，也有可能被输入国视作文化糟粕与文化垃圾。

要之，对于文化产品的才质要求问题，会因个人、因民族、因国家、因环境的不同而不同，没有"普世性"的大一统文化产品，是否为优秀产品，需要以动态的视角去评判，尽可能获得一个综合性的最佳组合。当然，文化产品质量的判断还是有一个基本标准的，首先是形态适宜，其次是产品特性、功能、价格、成本、服务等有一个最佳组合，最后是其给民族国家与消费者个体可能带来的精神福利的最优综合得分。

3. 形质文化产品的扬弃

对于此类文化产品的引进，首先，我们坚持"形质彬彬"的扬弃方略。要综合判断文化产品的类型及其对民族国家与消费者个体可能带来的满足，再进行抛弃、保留、发扬和提高。既不能投消费者所好，仅限于单一类型文化产品的引进，譬如，我们不能因为浅阅读时代、消费碎片化时代的特征，一味引进视听媒介产品，而应该着眼于不同类型文化产品的合理结构加以引进。同时，我们也不能投某个管理组织所好，只引进有利于其价值观与思想意识形态维系并强化的文化产品，而应该考虑综合引进反映全人类先进文化与时尚文化的各种类型文化产品，哪怕是承载美国霸权思想的好莱坞电影与麦当劳文化，我们也要进行一定比例的引进。

其次，引进者需要熟悉本国消费者个体与民族国家对不同类型或者同一类型甚至同一种文化产品的使用要求，进行分门别类的合理引进。这就要求引进者做大量细致的调研工作，要不厌其烦地监测市场消费要求的动态变化，随时调整引进计划，尤其重要的是，对引进产品的类型与才质要具有高远的前瞻性，最大化避免不当文化产品对市场主体、国家与消费者个体造成的破坏与损失。

最后，引进者要对文化产品持有整合满足需求的理念，不要固守于单个因素的极致化追求，要整合文化产品各个因素给消费者个体与民族国家带来的最佳效应，以决定是否引进。

目 录

致 谢 / 1

导 论 / 3

 传媒产业的定义 / 7

 什么是传媒产业研究？ / 9

 标准和组织 / 12

1. 传媒产业研究的起源 / 17

 20 世纪 60 年代末的社会环境 / 22

 批判政治经济学方法 / 23

 文化研究 / 27

 电影史 / 30

 20 世纪 80 年代末的媒体全球化：重新审视文化研究和批判政治经济学 / 33

 电视研究和产业的融合 / 37

 结语 / 39

2. 个人和角色 / 41

导演 / 46
制作媒体的个人 / 48
个人、中介和媒体流通 / 52
建立产业联系：人才经纪人和代理 / 58
结语 / 61

3. 生产文化 / 65

人类学家和电影院制作世界 / 68
视听媒体制作的文化研究 / 73
流通文化 / 78
定义生产文化的不同方法 / 81
结语 / 83

4. 机构 / 87

历史镜像中的电影公司 / 89
新闻机构 / 96
唱片公司在文化生产中的作用 / 101
结语 / 105

5. 产业和实践 / 109

拓展无止境：视频游戏产业研究案例分析 / 112

连接表征形式与产业变革 / 116

描绘结构与文本的嬗变 / 121

产业实践研究 / 125

结语 / 129

6. 宏观视图 / 133

解释媒体帝国主义 / 137

民族国家、媒体市场和文化权力 / 142

文化生产的基本经济特征 / 148

结语 / 150

7. 结论：传媒产业研究的未来方向 / 153

互联网发行 / 153

全球化和媒体融合 / 155

企业整合 / 159

下个十年的传媒产业研究 / 160

参考文献 / 163

致　谢

这本书的出版源于我们三人之间以及我们与他人之间的对话。在这些交谈中，我们会经常探讨我们要做什么、怎么去做。这本书正式地呈现了我们所进行的更深层次、更系统的对话，对于我们而言，这本书不是结束，而是对话的延续。在此我们感谢那些正式和非正式地与我们进行对话的人员，他们中有我们的导师和学生，也有许多是我们的合作伙伴和同行。

准确来说，这本书是过去几年里在北院的五楼半逐步形成的。我们的对话深受同事派迪·斯坎内尔 (Paddy Scannell)、梅根·安克森 (Megan Ankerson)、凯瑟琳·森德 (Katherine Sender)、莎拉·穆雷 (Sarah Murray) 和耶伊迪·里韦罗 (Yeidy Rivero) 的影响。在与吉米·德雷珀 (Jimmy Draper)、安妮玛丽·纳瓦尔－吉尔 (Annemarie Navar-Gill)、基蒂奥·恩古 (Kitior Ngu) 等学生的对话中，以及在传媒研究研讨会 (Media Studies Research Workshop) 上和"传媒分析"研讨会 (Analyzing Media Industries) 的多次迭代中，我们也得到了很多灵感和启发。

在这本书编纂期间，我们遇到很多不确定的问题，因此时常向他人请教、咨询。非常感谢珍妮特·施泰格 (Janet Staiger)、约瑟夫·图罗 (Joseph Turow)、格雷厄姆·默多克 (Graham Murdock)、艾琳·米汉 (Eileen Meehan)、米歇尔·希姆斯 (Michele Hilmes) 和菲利普·施

莱辛格 (Philip Schlesinger) 给我们提供的帮助，让我们更加了解传媒的历史。我们无法一一点名感谢帮助我们的同行和合作伙伴，是他们让我们对传媒这一领域更具敏感性。此外，我们还要感谢安德森 (C. W. Anderson)、尼廷·戈维尔 (Nitin Govil)、大卫·赫斯蒙德霍 (David Hesmondhalgh)、李·马绍尔 (Lee Marshall)、杰瑞米·莫里斯 (Jeremy Morris)、约翰·汤姆森 (John Thompson) 和尼基·亚瑟 (Nikki Usher) 在核心专业知识之外的领域给予我们的帮助。

我们必须感谢拉蒙·洛巴托 (Ramon Lobato) 在读完这本书的早期版本后提出了宝贵的意见。同时我们也要感谢斯里拉姆·莫汉 (Sriram Mohan)、安娜·桑普森 (Anna Sampson)、迈克尔·韦恩 (Michael Wayne) 和我们最优秀的研究助理瑞伊·摩尔斯 (Rae Moors) 的反馈。我们还要感谢 Polity 的审稿人以及玛丽·萨维加 (Mary Savigar)、艾伦·麦克唐纳－克莱默 (Ellen MacDonald-Kramer) 和 Polity 编辑、制作团队的大力支持。

最后，我们要感谢我们的家人，感谢他们包容了我们在非办公时间打电话，在 Skype 上交谈，感谢他们理解我们陪伴的缺席，是他们成就了这本书的出版。

导 论

"我想把 YouTube 作为一个传媒产业来研究。"有一名新生这样说道。"好吧，是什么样的研究呢？"事实上，聚焦 YouTube，将其视作媒体制作和发行的主要网站，人们可以设计许多潜在的研究项目。或者是将 YouTube 作为一个案例，深入研究在如今看似不受约束的全球互联互通时代下，数字传媒的各个行业和实践及其与成熟银幕产业的复杂联系。

关于 YouTube 的研究，我们可以将研究聚焦于视频制作者，不仅包括那些在全世界拥有数百万粉丝的创作者和名人，还包括数百万创作和传播各种类型视频的人。我们可以提出各种问题去研究他们。此外，我们还可以研究内容审核员，他们的日常工作涉及扫描数百乃至数千段被系统标记为涉嫌违反 YouTube 可接受性标准的视频。或者，我们可以再深入一点，将研究重心放在设计内容审核算法的工程师身上。通过采访他们、观察他们一段时间或去参加专为数字技术和媒体行业的人士举办的活动，广泛了解他们的日常工作文化。我们有诸多方法和充分理由去研究这些媒体工作者群体。

虽然研究 YouTube 上某个特定的个体的角色以及 YouTube 视频制作文化很有价值，我们也可以把 YouTube 作为一个组织来研究，探讨其作为一个传播视频的社交媒体公司的战略相关问题。这种研究旨在了解影响社交媒体公司行为的广泛因素，如他们与广告商的互动，以及他们与内容创造者打交道的政策。将YouTube作为一个组织进行研究，可以了解社会媒体公司的一般运作方式，或者准确地说，要做到这点，我们要详细了解YouTube的策略、实践和目标如何形成其特定的社交媒体能力并限制他人。同时，我们也有可能了解YouTube的战略与母公司谷歌之间的联系。

另一种研究方法是把社交传媒的逻辑作为研究对象。这种类型的研究目的在于探索社交媒体公司运营的监管、技术、经济和文化特征，这几个因素如何影响用户的社交媒体体验，以及由此产生的文化关系。我们也可以从"文本"的角度来研究YouTube，分析产业因素组合是如何助推网剧去挑战主流媒体关于边缘化群体和少数群体的表述。最后，还可以采用宏观视角的研究方法，研究YouTube如何应对不同国家的监管制度，如何依赖贸易和税收政策使其收益最大化，了解YouTube在哪些地方设置了服务器或办事处，如何应对其跨国业务范围内不同的监管制度，以及这些做法如何影响其提供以及拒绝提供的社交媒体体验。

我们在这里讨论将YouTube作为传媒产业进行研究，涉及多种角度和方法。毋庸置疑，任何这样的研究都会螺旋式地向外发展，涉及媒体基础设施、设备、数据化和算法管理相关政策、数字媒体公司和现有屏幕产业的融合、剥削劳工行为、国家审查、盗版媒体网络等。对于像YouTube这样的社交媒体公司，我们可以针对某一领域提出各种问题。因此提出正确的研究问题至关重要。实际上，你想要研究的问题有可能是决定研究方法和研究规模的最大因素。同时还需要思考，你想要实现的更广泛的学术对话是什么？它的主要困境是什么？你认为是否存在与现有想法相矛盾的证据？你是否想要将现有理论应用于新兴传媒中？明确研究问题以及你正在进行的学术对话对于确定研究方法和相关理论是至关重要的。

如果以上是我们针对某个学生提出的一个看似简单的问题所作的回答，那么接下来我们想用仅仅几页篇幅去简短介绍传媒，那是不可能做到的。根据相关材料，传媒产业研究崛起于2009年，并迅速发展成为一个子研究领域，拥有专门的专家评审学术期刊，在多个学术组织中迅速形成兴趣群体，并在2018年成为一个座无虚席的独立国际会议的焦点。这篇导言探讨了传媒产业研究的形成，通过梳理其漫长而多元的发展历史，解析其近十年如何逐渐发展形成一个子领域。探究涉及的问题包括：不同学科和传统的学者在分析传媒产业时使用了哪些理论和方法？在不同的历史时期，有哪些社会政治力量促使学界去关注传媒产业的运作？不同的国家和文化语境中是否采取了截然不同的形式去研究传媒？如果传媒产业曾一直是传媒和传播学者的研究重点对象，为什么"传媒产业研究"会在20世纪末和21世纪初成为研究新趋势？鉴于媒体研究日益分化，如果将其命名并合法化为传媒研究的一个子领域，在思想和政治层面有何利害关系？

在探寻这些问题的过程中，我们确定了本研究的一些核心问题，也提出了一些假设。本书并没有涵盖所有类型的研究问题和方法，只是探讨了其中一些，这些问题来自于因传媒在文化生成与传播中的重要作用而对理解和研究传媒产业尤为感兴趣的人士。我们在《传媒产业研究》一书中，探讨了各种主流的理论传统及其核心研究领域，也介绍了一些其他研究媒体产业的方法，这些研究方法因文化问题在其研究中不突显，因此未被广泛地讨论或吸纳。最近有几本书就"什么是传媒、为什么要进行传媒研究、如何进行传媒研究"提供了洞见。由珍妮弗·霍尔特 (Jennifer Holt) 和艾莉莎·佩伦 (Alisa Perren) 主编的《传媒产业：历史、理论和方法》（*Media Industries: History, Theory, and Method*, 2009）将传媒定义为一个连贯但跨学科的研究领域。他们收录了许多著名学者的文章，这些文章讨论了传媒产业研究的许多主要问题和关注点，同时他们还整理了学者们在解决这些问题时所使用理论和方法。我们的导言部分采取了类似的宽泛方法来界定媒体产业研究，不同的是，我们为读者提供了一个更全面的分析，让读者了解不同的学者是如何从多个立场和角度研究传媒产业的。蒂莫西·哈文斯 (Timothy Havens) 和阿曼达·洛茨 (Amanda D. Lotz) 在《了解传媒业》（第2版，2014）（*Understanding Media Industries*）一书中介绍了传媒业的运作，并提供一个研究框架，重点研究其运作中相互关联的做法。

这本书可能有助于引发更多关于传媒产业研究选题和研究问题范围的思考，但可惜的是，这本书对传媒产业研究的核心基本理论和学术讨论的关注不足。基于此，大卫·赫斯蒙德霍 (David Hesmondhalgh) 的《文化产业》（第4版，2019）（*The Cultural Industries*）是我们不能错过的一本书。该书于2003年首次出版，启发了许多21世纪初开始研究传媒文化的学者。它详细介绍了许多关键的分析框架和理论，而且根据社会、互联网媒体时代发展需求进行了更新。哈文斯、洛茨和塞拉·蒂尼奇 (Serra Tinic) 于2009年发表的一篇文章将"批判性传媒产业研究"作为一种研究方法。这篇文章发表近十几年了，它助力了霍尔特和佩伦所提出的新生子领域的命名及成形，促进了我们在第三章中详述的有关文化生成的研究。借助十年的研究发展，我们希望以本书中的研究来探讨对依赖于政治经济的传媒产业运作的宏观研究是如何在语境和文化背景下进行的。

在如何进行传媒研究方面，马修·弗里曼(Matthew Freeman)的《传媒研究的方法：产业研究的方法论》(Industrial Approaches to Media: A Methodological Gateway to Industry Study, 2016)和克里斯·帕特森(Chris Paterson)编辑的文集《推进传媒生产研究》（Advancing Media Production Research, 2016）详细介绍了当代传媒的诸多研究方法以及与这些研究方法相关的实践和哲学问题。像弗里曼一样，我们在这里也讨论了一些以往的学术著作，以此来整理收集更多关于传媒研究的方法和手段。这本书通过传媒研究所使用的一些案例，追溯研究方法和研究问题的关系，来帮助读者更好地进行传媒研究。同时，这本书在追踪传媒研究的发展方面进行了慎重的历史深度研究，而且也研究了许多不同传媒的案例，而弗里曼的书给我们提供了非常实用的方法论技巧。

传媒产业的定义

在我们收集传媒产业研究相关信息、追溯其起源之前，我们必须先搞清楚什么是传媒产业。根据传媒经济学家们的定义，传媒产业是生产、管理、流通知识产权的产业(Doyle, 2013)，这个定义让很多人误认为传媒属于"版权"产业(Wikström, 2013)。实际上，长期以来，传媒产业边界模糊不清，有时被认为是文化产业或创意产业(包括体育和时尚)的一部分，但大多数时候它被视作独立的实体产业，比如电影、报纸、电视、游戏或音乐产业。近二十年来，互联网传播和社交媒体公司的发展加剧了我们对传媒产业边界及其本质特征的不确定性。比如说，虽然 Facebook 和 YouTube 管理着视频发行量，但是它们也开始输出原创内容。此外，它们经常提出与专有算法系统有关的知识产权要求。因此，许多与老牌传媒产业研究相关的概念和方法对数字传媒产业的研究也是有帮助的。

我们也可以学习传媒经济学家的做法，他们指出，传媒具有显著的特征，如首次复制成本高、属于公共产品、低到零的边际成本等，这些特征使该产业区别于其他产业，会引发不同寻常的产业趋势。这些特征使得传媒产业形成特定的策略和行为，不同于经济和商业的广泛的产业阵列。与此同时，传媒学者一直认为，尽管传媒是工业产物，但其所扮演的文化角色使我们有必要对其生产和流通方式进行研究 (Hall,1980; du Gay et al.,1997; Hesmondhalgh, 2019)。因此，在探讨传媒产业研究的思想史和研究方法时，我们主要采用了将媒体的经济、政治和文化三个维度结合在一起的学术研究。

我们认为理解传媒产业研究的出现、研究问题以及研究方法，并不需要对研究对象进行严格的界定。我们更加关注学者们为什么开始研究传媒产业的运作。因此，我们没有给出一个固定的定义，将哪些行业"算作"传媒产业，而且我们认为传媒产业研究中的许多方法论和概念框架能够帮助我们更好地理解其他产业。事实上，这本书中提到的一些学术研究有可能被认为不属于传媒产业研究。但是这些学术研究中的案例向我们展示了传媒研究的方法论，同时也提供了重要的视角让我们去了解传媒的运作。我们发现在传媒产业研究中，超越自己的学科范围往往是有成效的，而且往往是必要的。

在这方面，我们借鉴了尼廷·戈维尔 (Nitin Govil, 2013) 和约翰·桑顿·考德威尔 (John Thornton Caldwell, 2013) 的观点，他们提出学者们首先要思考是什么构成了"传媒"。考德威尔指出，资本主义传媒有能力讲好自己的故事，并发展自身运作的理论，他认为，我们需要对我们的研究对象有高度的反射性，而不是掉进把"传媒想象成一个干净、不证自明的领域或有边界的研究场所"的陷阱 (2013：157)。同样地，戈维尔赞扬了印度电影为了能被承认为一个正式的"传媒"所作的努力，并鼓励我们超越现有的传媒，"拓宽传媒的实践范围"(2013：176)。因此，我们这本书的目标之一是研究不同的学者如何定义一个行业的边界，如何界定一个行业中的某个特定领域，以及他们的这些定义和界定如何影响研究问题、研究方法和解释框架。

什么是传媒产业研究？

传播政治经济学、文化研究、社会学、媒体经济学、新电影史、组织和商业研究一直是研究传媒产业学者的关注热点。我们并不是要用这里所说的传媒产业研究来取代这些研究，但是我们确实想要在这些传统的研究热点中寻求一些重合点，而且我们认为对传媒进行界定有可能有助于找到交叉部分。正如在第一章中，我们通过追溯传媒产业研究的思想史，可以了解到在传统的传播政治经济学、文化研究和新电影史的研究中，学者们是根据自己的兴趣和关注点选择自己的研究对象，可是学术领域的划分以及对不同领域中不同传媒的研究导致这些学者的研究变成孤立的，而不是共享的。

我们认为传媒产业研究是传媒研究领域的一个组成部分。米歇尔·希姆斯 (Michele Hilmes, 2018) 将批判性媒体研究定义为"以文本的批判性分析为中心——但不是以孤立的文本为中心，而是基于产业和机制孕育而生，并被群众和社会所接受的文本"(xii[1])。我们所阐述的传媒产业研究的核心是对个人、机制和产业如何在历史和地理语境中产生和传播文化形式的批判性分析。我们将希姆斯对"文本"的批判性分析的重心进行扩展，将范围延伸到日常活动、规范和基础设施条件，在这些方面的研究里，文化动力被视为研究的中心，媒体制作和传播作为文化本身的研究也被纳入其中。当然，传媒产业的研究也有与文化不相干的学术传统。我们在本书中也有认可其中的一些，因为它们可以丰富传媒产业的研究风格。

作为这本书的分析对象，传媒产业研究包罗甚广，包括通过研究、审视传媒实践并分析其后果，进而从微观和宏观视角探讨媒体的制作和传播。这本书探讨了权力在全球和国家政权、贸易部门、劳工社区或传媒组织内部的运作。本书预设媒体的制作、推广和获取方式决定其内容，文化的流通进一步给媒体内容赋予意义和重要性，而消费行为达成其意义和重要性。我们的研究选题、研究途径或方法在严格意义上可能并不符合传媒研究的标准，我们所做的是去探索与研究目的相关的问题，并没有太在意它们是研究视听、音频、照片，还是基于文字的媒体。相反，我们认为传媒可以涵盖那些使用模拟和数字传播技术的媒体，以及社交媒体的产业形式。也许这个研究最大的不确定性是来自于产业本身，随着媒体制作和流通工具的日益普及，我们尚不清楚传媒是在什么时候被产业化的。

我们有意将传媒产业研究的范围划得更广。在过去十年中，许多

---

[1] 编者注：引文后括号内数字为引文所在原书页码。

与传媒相关的研究工作重点都是围绕视听产业。我们的研究确实要以此为基础，但同时我们也认为，如果单一专注某个领域可能会令我们错过社会学、流行音乐、游戏和新闻研究等方面的独特视角。我们认为，所有这些媒体形式都应该统一在希姆斯等学者所阐述的媒体研究类型中，媒体形式之间不应该被划定界限，也不应该完全区分媒体形式的"信息"和"娱乐"的文化功能。当然，产业规范通常要求我们把研究归类到一个特定的产业，但我们认为传媒可以涵盖更广泛的文化生产，例如，从研究层次上来讲，相比于研究导演如何通过协商谈判得到电影制片厂的支持，研究编辑部记者如何通过协商谈判获取编辑部对某个故事的支持收获会更多。

可能有些人认为他们所从事的工作并不属于传媒的一部分，也有一些人认为我们没有给传媒划定明确的界限是有问题的。我们对此的回应是，当前传媒运营并不是处于一个稳定的、一成不变的状态，因此对传媒的研究不能是单一的，而是需要找到一些重合点。我们三个在美国读研究生的时候，传媒的正规课程还很少。但在过去的十几年里，我们与许多学者进行了合作，这些学者在传媒的发展中发挥了关键作用。我们还发现自己指导的几名博士生提出了非常多的思路，这些工作思路具有前瞻性，已经不再局限于传统的研究，我们相信在他们的领导下，传媒产业研究会在未来几年得到进一步的细分。

第一章主要呈现了我们目前的研究成果点滴以及导师的一些看法，这份研究成果阐明了传媒广泛的影响，在未来几十年会逐步得到完善。尽管传媒产业仍处于初期阶段，但对其研究进行详细的整理可以帮助到那些想踏入这一不断发展、还未定型领域的研究者。我们希望这一报告能引发大家的讨论、对话，从而带来更多的灵感，促进传媒产业的发展。

我们也试图找出未来几十年传媒研究的盲点和挑战。如果可能的话，我们会去关注种族、民族、阶级、性别、性取向、地理等问题，我们会去关注媒体产业运作差异以及传媒和通信技术差异形式问题。传媒产业在它们创造和传播的电影、电视节目、流行音乐、社交媒体服务、新闻和其他媒体中不断制造和强化这些问题对整个社会产生的差异。面对这些问题，我们需要审视批判种族理论、女权主义研究和后殖民研究在阐释和形成目前传媒产业研究中的概念性和实证性研究过程中所产生的边际影响。

标准和组织

我们的目标是综合传媒研究的不同传统和传媒的多样性，因此这本书的章节不是根据产业展开。这本书的第一章可以让读者了解到传媒产业研究拥有悠久而多样的知识谱系，其中我们按照时间顺序梳理了重要的学术著作，并从中探索传媒是如何产生并传播文本，同时也探讨了其中包含的文化角色和权力。虽然只用一个章节的篇幅去呈现传媒的起源，有可能不够全面，但是我们尝试更加深入、更加综合地论述。批判理论和传播政治经济学等知识传统有很多关于文化和产业交融的论述，说得更宽泛一点，是关于产业资本主义条件下的文化生产的论述，这些知识传统都为我们提供了理论基础。探索这些传统可以帮助我们追溯影响媒体产业的因素，并洞察到媒体产业不同领域之间的重合点。我们的目标不是为了严格地划定界限去研究媒体产业或者形成单一的知识体系。相反，我们阐述了与文化生产问题相关的各种传统、方法的影响和优势，同时也论述了一些与文化生产问题无关的传统和方法，因为这些看似无关的方法也提供了一些思路或工具，可以用于进行文化分析。

第二章节到第六章节是根据不同的分析"层次"或研究尺度来组织的，总体是从微观到宏观进行的。我们使用这个结构是为了展示传媒产业研究的变化，分层仅仅是为了对研究场所分类，不含有任何好坏等级之分。当然这些分类还有提升改进的空间，但我们的研究重点不是将传媒产业研究进行精确的分类，而是要形成一个广泛的学术领域，将学术领域里的研究进行一定的分层有助于读者的思考。正如洛茨和纽科姆(Lotz and Newcomb，2012：72)所写的："最有效的生产研究是建立对多个层次的认识，并寻求确定彼此相互的依赖关系，即使只关注特定的案例、环境和系统（也应这样做）。"

我们可以从另一个角度来理解这些层次，因为层次研究提供了不同的视角，就像从太空、从3万英尺高空的飞机上、从直升机上、从高楼上或站在地面上看地球表面都是不同的。哈文斯、洛茨和蒂尼奇(Havens, Lotz & Tinic, 2009，239)使用这个比喻来论证批判传媒产业研究的中层方法，我们在这本书中也会根据实际情况讨论分层，但目的仅仅是为了分类研究场所，不含有任何好坏等级之分。不同的问题可以根据现有的证据和研究的规模来回答。不同的"层次"的关注点——无论它们的重叠度是低还是高——可以让我们了解到不同产业之间的联系，并研究来自世界不同地区的案例。理想情况下，我们讨论的案例可以为一系列新的、独特的研究项目提供灵感。

"层次"研究给我们在第二章节到第六章节选择的案例制订了标准，我们的案例来自各种各样的传媒，不局限于西方传媒和学术论述。

我们的主要重点是利用现有的学术研究梳理出传媒研究问题的类型、用来解决这些问题的方法，以及可行性主张。无论是个人还是集体的研究，我们都有所批判。当然我们也不会宣称自己的学术是典范。作为一本鼓励读者思考传媒学术的书，它的目标不是创建某种标准，而是让读者认识一些不可避免的权衡 (trade-off)，这些权衡与范围、方法和权限相关。因此，我们选择的研究案例主要是因为它们明确地讨论了方法，或者可以与其他研究进行对话从而引向更深刻的观点。我们也期待着有学者去撰写更全面的文献综述。

第二章节从最微观的层次开始，主要研究从事传媒的人及其角色。第三章节是对生产文化的研究。第四章节主要聚焦关于组织的学术著作。第五章节论述产业规模。第六章节探讨国家和跨国政治经济的宏观背景。这些研究的功能就像叠玩偶一样，人组成了组织，组织组成了产业，产业的行为受到其运行的政治经济的限制。值得注意的是，在第六章节中，我们使用的术语是政治经济学，这跟我们在第一章的思想史所使用的批判政治经济学不同，媒体研究中一般使用批判政治经济学。全球政治经济——作为第六章节的组织主题——是所有传媒运作的环境。关于贸易、关税和劳动的问题可以通过许多不同的方法来研究，不局限于与批判政治经济学相关的方法。同样地，批判政治经济学方法也可以用于任何其他层次的研究。

每一个章节都探讨了该层次一系列的学术著作的特征，从而确定这些学术著作中所要探索的关键问题以及在此类分析中所采用的方法种类。传媒研究会使用一系列方法和证据，包括行业和政府数据、媒体组织和个人的档案、产业出版物、产业活动、采访、观察等，在某些情况下，还包括参与性观察和长期的民族志田野调查。本章节的目的是整合前人的研究和探索，并了解这些研究是如何实现的。需要声明的是，尽管在每个层次都采用了类似的方法，但是对特定类型问题的探讨还是会受到层次分析的影响。

我们可以用许多其他方法来组织这本书。例如，我们可以按照媒体、地理区域或学术年表来安排章节。我们之所以选择了"层次"是因为它能够让我们更好地剖析传媒学术著作里所提出的不同类型的研究问题，以及回答这些问题的方式。此外，这种组织结构帮助我们跨越环境，比如说，它能让我们了解到尼日利亚的某项研究中提出的理论发展，并且为其他地区的学术研究提供帮助。我们深知在北大西洋和以英语为母语的环境里建立起学术共识是有困难的，所以我们要努力超越国家边界去建立联系。

我们也没有使用"按产业"的方法，因为如果想要找出传媒研究的一个显著弱点，必须要根据它与多产业或跨产业的交流，而这种交流机会是很少的。(Curtin, 2007; Elkins, 2019; Herbert, Lotz & Marshall, 2019; Holt, 2011; Punathambekar, 2013)虽然音乐产业的特殊动态明显不同于电影，但一般的知识型企业，比如传媒类型的企业，应该更加希望去学习能够了解其他产业的思想或理论。同样，我们对传媒的理解也不局限于特定的技术范围。对音乐产业或任何其他媒体的研究，比如对专辑、磁带、下载、流媒体服务的研究，都不应该被人为地划分为模拟和数字产业版本。虽然最初没报太大期待，但现实是许多曾经被认为是"新媒体"的东西显然是可以被理解的，就像被数字技术颠覆和重新配置的书面文字、音频或视听媒体产业一样。我们希望层次研究可以揭示传媒研究的相关学术著作已经回答了哪些问题，哪些方法工具特别有用，同时可以促使学者们提出新的问题，并思考出新的回答方式。事实上，正是这些研究方法和研究课题让传媒产业研究成为一个令人兴奋的、富有成果的研究领域，这也是我们的导言想要表达的观点。

1. 传媒产业研究的起源

在概述了这本书的主要目标之后,我们现在把重心转向概述传媒产业研究的学术史。尽管在过去15年左右的时间里,传媒产业研究在凸显对媒体制作与流通、产业发展与实践、资本与文化产品等问题的研究方面发挥了重要作用,但显然还未形成对整个产业及其机制问题的系统研究。这并不奇怪,因为传媒研究的方法论和概念是得益于早期和近期媒体理论的发展,以及一些密切相关领域的学术研究,包括批判种族理论、女性主义研究和后殖民研究。本章节的主要目标是将传媒产业研究置于全球传媒研究的历史中,并在此过程中概述重要的理论影响和出发点。

一直以来,传媒产业研究都是关于媒体对文化和社会影响力的研究。因而,在社会政治或技术发生巨大变化的时候,传媒产业的运作自然会特别吸引学界的注意。本研究是基于不同时期、不同地方的不同学科,如社会学、传播学、政治经济学、文化研究、电影史、批判理论等,因此并未被视为具连贯性的知识型事业。事实上,在20世纪后期,我们可以查找到很多有关传媒产业的研究,有些研究甚至相互矛盾。在21世纪第一个十年结束时,形成了一个被认可为传媒研究的连贯性的事业,这也是基于过往的学术工作而建立起来的。

杰瑞米·滕斯托尔(Jeremy Tunstall)在1991年的一篇文章中建议

要增加媒体产业研究视角，他认为传媒研究的第一个宏观产业方法是由马克斯·韦伯(Max Weber)在1910年提出的。传媒产业研究的源头可以追溯到20世纪20年代，当时学者们开始关注文化产业的运作，想要从中找到文化与经济、政治和社会的联系。虽然佩恩基金会(Payne Fund)主要以其早期的文本和观众效应研究闻名，但它在1929年至1932年期间也研究了电影对儿童的影响，通过创造一套道德指南——被称为"海斯法典"(Hays Code)，佩恩基金会想要寻求一种产业解决方案。与法兰克福学派(Frankfurt School)相关的思想家研究了电影、音乐等媒体和艺术的社会文化意义，他们的论述还涵盖了对制作、文本形式和观众的分析。

学术界一般认为传媒产业研究的起点是20世纪40年代，那个时候人们一直在强调媒体宣传及其对社会的影响。派迪·斯坎内尔(Paddy Scannell，2007)指出，提到保罗·拉扎斯菲尔德(Paul Lazarsfeld)和罗伯特·默顿(Robert Merton)，人们一般会想到美国效应(US effect)和说服研究，他们在战后的美国主张"媒体批评作为经济和社会现状的软学科代表"(72)。这个时期出现了两种相关的研究方向。拉扎斯菲尔德的研究是基于媒体效应而建立的，同时这也是佩恩基金会研究的基础，但拉扎斯菲尔德也从事了相当数量的传媒研究，主要服务于政府和企业赞助商。由拉扎斯菲尔德所启发的研究方向被称为"行政"研究，其目的是推进产业对自身的认识以实现战略目标。

这种行政管理传统与法兰克福学派的研究中对传媒的批评视角形成了鲜明对比，其中最著名的是狄奥多·阿多诺(Theodor Adorno)和马克斯·霍克海默(Max Horkheimer)在1944年发表的关于"文化产业"(the Culture Industry)的宣言——尽管当时的行政研究者和批判研究者之间存在着重叠混合。"文化产业"明确批判了大众文化现象并采用产业化的大规模生产和销售方法。大众文化一般被认为是为大众创造的文化，而不是人民创造的文化。重要的是，早在20世纪40年代我们就看到学者们已经意识到媒体(包括但不局限于电影、广播等)在社会中的力量，而且学者们会关注媒体的创造者(个人或机构)，并试图理解他们生产特定类型内容的动机。

20世纪40年代的两项著名研究从社会学和人类学的角度考察了美国电影产业里的工作者和内部商业结构，以便更好地理解工作实践和生产文化如何影响电影的形式和内容。利奥·罗斯腾(Leo Rosten)于1941年出版的书籍《好莱坞：电影殖民地，电影生产人》(*Hollywood: The Movie Colony, The Movie Makers*)源于作者所接受的社会学训练、对电影的社会效应的兴趣以及他在20世纪30年代末担任编剧的经历。这本书借鉴了大量的实证研究，包括"访谈、问卷调查……政府统计数据、市场数据和对媒体精英的随意观察"(Sullivan，2009)。罗斯腾的研究特别关注"一线以上"的工作者，如"制片人、演员、导演和作家"，丰富地描述了好莱坞内部的社会组织和文化，并对此进行了批判性的分析。此外，人类学家霍滕斯·鲍德梅克(Hortense Powdermaker)试图通过观察美国电影工作者的行为和信仰来更好地理解好莱坞对个人和美国社会的影响。在洛杉矶进行一年的田野调查(包括采访和观察)之后，她撰写了《好莱坞：梦工厂》(*Hollywood: The Dream Factory*，1950)，这本书针对好莱坞电影生产的社会体系进行了严谨的分析和民族志研究。虽然鲍德梅克暗示好莱坞电影是逃避现实的幻想，但她非常尊重好莱坞工作者的行为准则、道德观念和谬误观点，并深刻地展示了这些信仰如何影响行业组织和实践，最终影响电影内容。

在这一时期，加拿大的哈罗德·因尼斯(Harold Innis)通过对传播技术的历史研究，重新阐述了对媒体和权力的理解。作为一名训练有素的经济历史学家，因尼斯对加拿大贸易史(皮草、渔业和木材)的初步研究让更多的学者开始关注运输和通信对经济和政治的影响。斯坎内尔指出，因尼斯发现了加拿大太平洋铁路"覆盖了古老的毛皮贸易路"，这一发现标志着他开始关注帝国是如何管理和控制广阔的领土，以及通信技术在行使帝国和国家霸权中发挥的关键作用。在《帝国与传播》(Empire and Communication，1950)和《传播的偏见》(The Bias of Communication，1951)中，因尼斯对口头和文字文化、不同技术中固有的偏见进行了全面的历史描述，并进一步论证了有空间偏见的媒体(在创造时广泛传播、但不能持久的媒体)对巩固政治权力至关重要。

因尼斯对传媒产业研究的意义在于他专注于媒体和传播技术的物质和政治层面。因尼斯的研究让我们首先思考媒体是如何进行记录、存储和传播的，然后思考这些过程与国家和企业权力之间的联系。无疑这一集经济史、政治学和文化地理学于一体的理论思路启发了20世纪70年代的理论构建，这个时期的理论开始分析西方在媒体生产和流通方面的主导地位如何支撑了新形式的霸权主义以及二战后的美国崛起。

有看法认为，大量的发展中国家不得不从西方发达国家引进新闻和娱乐节目，在这个过程中，也引进了资本主义消费文化的强大表征和价值观。赫伯特·席勒(Herbert Schiller，1969)、阿芒·马特拉(Armand Mattelart)和阿里尔·多尔夫曼(Ariel Dorfman，1975)，奥利弗·博伊德·巴雷特(Oliver Boyd-Barrett, 1977)，达拉斯·史密斯(Dallas Smythe, 1977；1981)等人不仅批判了对大众传播部门进行"行政"层面的研究，还对"发展传播"研究进行了批判，"发展传播"指关注媒体与国家发展之间联系的研究。发展传播的观点直截了当，他们认为媒体可以作为一种工具，让南半球新独立的国家转向西方发达国家以自由市场为导向的政治经济模式。然而，这种观点是把西方标准当成一种不容批判的理想形式。

随着依赖性和文化帝国主义理论逐渐发展壮大，拉丁美洲学者的研究在抵制以英格兰为中心的发展交流框架中起到了至关重要的作用。马特拉特(Mattelart, 1976)等人运用所谓的"新马克思主义"的观点，将资本主义和结构性不平等作为理解国际交流的起点，认为总部位于北半球的跨国公司将后殖民国家的经济带进了一个相互依赖的网络。经济和地缘政治关系导致了一种高度剥削性的依赖模式，这种模式确保了西方"核心"的主导地位，使"外围"国家处于全球经济的边缘。拉丁美洲的学者率先发展了这一学术体系，并指出总部设在以英语为母语的西方媒体公司实际上是"发展"和"现代化"项目的受益者，这些公司的终极目标是把南美、非洲和亚洲作为其产品开拓新市场。我们将在本书后面更详细地探讨这一时期媒体和传播研究的复杂性，这里我们只简单先提一下，当时对媒体产业（尤其是报纸和广播）的研究集中体现在学界和公众共同关注的关于媒体、信息和传播在二战后新兴世界秩序中的作用问题。

目前为止最早的传媒产业发展研究可以追溯到20世纪60年代末社会政治环境下传媒扩张化、多元化时期。值得注意的是，这一时期结构主义和符号学逐渐主导着电影和媒体的学术研究，这为研究媒体文本创造意义的方式提供了新的方法。结构主义尝试以科学的严谨性来研究电影和媒体，替代了偏向印象主义的"电影欣赏"或导演理论。电影研究很少考虑电影制作的工业化机制，相比于"电影形式"的研究，学者更倾向将电影当作一种"语言"进行分析，这种"语言"具有可识别的属性和组织原则。这些研究电影"语言"文本的学者同时也关注了媒体权力，但他们主要在话语、形式和语言范畴中研究这种权力，较少在媒体制作的机制层面进行探讨。

20世纪60年代末的社会环境

众所周知1968年前后是全球许多地区社会变革的关键转折点，但鲜有人知这一时期也是传媒产业研究多个研究方向确立的重要时期。当时的社会和政治动荡不安，许多人试图寻找方法来理解权力在社会中的运作以及传播和媒体在其中的作用。在研究传媒作用的过程中出现了不同的研究方向，当时并存的研究方向没有意识到联手可以实现的共同利益，因而在大多数情况下鲜有交流，而当他们偶尔有机会进行交流时，却发现彼此对立，处于敌对的状态。

20世纪60年代末的社会和政治动荡为形成三种思想轨迹奠定了萌芽的基础，这三种思想轨迹，即批判政治经济学、文化研究和电影研究中的新历史主义，也为21世纪初连贯的传媒研究的出现铺好了路。值得注意的是，所有这些研究传统都是在一场大规模的重构马克思主义的风潮中涌现出来的，但这三个思想轨迹都呈现出自己的特色。

批判政治经济学方法

运用批判政治经济学来研究媒体和传播是因为学者认为控制媒体系统是捍卫制度和意识形态权力的关键。此类研究主要通过探讨技术和常用通信基础设施的使用，以此来理解社会中的政治和经济权力是如何维持的。

帝国主义，尤其是美帝国主义在20世纪60年代中期与媒体的关系，促使学者使用批判政治经济学方法去研究媒体系统是如何维持权力的。针对公众的担忧，联合国教科文组织在20世纪70年代提出了一套改善全球媒体的建议，即"世界新闻和传播新秩序"(NWICO)。在历经20世纪50年代和60年代的非殖民化浪潮以及后殖民国家为建立或改革其媒体产业所做出的斗争之后，很多相关的研究取得了进展。批判政治经济学分析探讨了媒体运作的许多核心问题，包括研究当时西方媒体所设想的"第三世界"，以及这些国家在发展自己的媒体制度时所面临的挑战。尽管对"第三世界"的研究内容受到物质发展和文化层面的影响，比如有些内容是以灾难为重点的新闻报道，但通过批判政治经济学，再加上商业和公共资金结构的相关知识，就能够解释这些内容模式。这种分析与"依赖理论"密切相关，"依赖理论"是在拉丁美洲背景下发展起来的(Mattelart & Dorfman, 1975)，直到20世纪80年代早期仍然保持着强大的生命力。

批判政治经济学也可以解释"西方vs非西方"的媒体流模式，这引起很多人对西方霸权发展和本土生产受阻的关注。这种模式源自于具有极大优势的产业结构，如规模较大且相对富裕的美国国内市场，这种模式使得美国传媒产品能够以远低于原始产品的成本在全球销售

(Schiller, 1969)。

  关于全球霸权和媒体不平等的研究主要是从宏观层次探索资本和政治的国际流动，这是第六章节所提及的"分层分析"的特点。批判政治经济学方法经常以这一宏观范围为重点，但在20世纪70年代也被用于研究特定媒体机构的实践和动态。同时批判政治经济学方法也为其他层次的研究提供了重要基础，特别是在第四章节中提到的组织层次。这些学术成果大多来自社会学家。社会学家将观察和采访的方法引入媒体组织——主要是英国和美国的新闻制作机构——来探究新闻如何以及为什么会形成典型的形式。在此期间，学术界也出现了社会学家对新闻编辑室组织的研究，他们将媒体实体作为组织来研究，尽管他们使用的马克思主义理论基础不尽相同 (Gans, 1979; Hirsch, 1972; Peterson, 1982)。无论是赫伯特·甘斯 (Herbert Gans) 研究的哥伦比亚传播公司 (CBS)、美国全国广播公司 (NBC)、《新闻周刊》（*Newsweek*）和《时代周刊》(*Time*) 中的美国新闻制作，还是菲利普·施莱辛格 (Philip Schlesinger, 1978) 研究的英国广播公司 (BBC) 的新闻制作过程，媒体组织研究学术分支通过分析新闻编辑室激励记者采访的做法以及收集和报道新闻的惯例等，从而研究编辑室的权力运作方式。正如史蒂芬·里斯 (Stephen Rees，2009) 所言："这种方法不再把新闻当作一个有偏见的问题，而是把它嵌入到组织的持续活动中。"(280) 这一传统不再是简单粗暴地把新闻的权力交给出版商，而是探索了组织的内部运作、它们的权力结构和日常事务，从而让我们更深刻地理解记者是如何适应文化以及他们是如何通过常规实践使权力结构永久化的。赫斯蒙德霍 (Hesmondhalgh) 就英国与北美政治经济传统的思想史发表了更深入的见解 (2019)，并探索了社会学中的不

1. 传媒产业研究的起源

同方法 (2009)。

由于 BBC 深刻影响了人们对当时有争议的文化辩论的理解，因而它成为重要的研究对象。许多学术研究机构因其而建立，如格拉斯哥大学传媒集团 (Glasgow University Media Group)、伯明翰当代文化研究中心 (Birmingham's Centre for Contemporary Cultural Studies)，以及威斯敏斯特大学 (University of Westminster) 当时成立的一个类似的中心。这些研究机构主要探索新闻编辑部如何决定报道内容和报道深度问题（Schlesinger, 1978; Burns, 1977; Tuchman, 1978; Gans, 1979; Glasgow Media Group, 1976）。值得注意的是，并不是所有的研究都聚焦于新闻组稿。有些研究还把目光放到了纪录片 (Elliott, 1972) 和电视连续剧 (Alvarado & Buscombe, 1978)。托德·吉特林 (Todd Gitlin,1983) 的研究重点是 20 世纪 80 年代初的美国电视业，特别是黄金时段的娱乐节目。这些对组织内部运作和媒体制作的产业实践特征的研究给我们提供了多层次视角，而这些视角是无法从所有权、收入和媒体流量的宏观数据分析中获得的。这些研究探讨了权力——无论是实现利润还是推进政治目标——是如何在媒体组织内部运作以及权力是如何为媒体人员构建选择的。

许多当时使用批判政治经济传播学方法的英国学者都经历过 20 世纪 60 年代的学生抗议活动，这些学者也因此开始了他们在媒体领域的职业生涯 (Murdock and Golding, 1973; Garnham, 1979)。值得一提的是，随着伦敦中央理工学院 (威斯敏斯特大学的前身) 于 1975 年在英国开设第一个媒体研究学位专业，这一研究流派逐渐成形。正如詹姆斯·卡伦 (James Curran, 2004) 所述，威斯敏斯特的大多数"先驱"都在大学里学习过英国文学，他们都深受学生抗议、第二波女权主义以及其他在20世纪60年代末和70年代初引起关注的社会问题的影响。卡伦指出，威斯敏斯特的学者们走的是"唯物主义的低轨道路"，他们关注的是媒体的历史和政治经济学、媒体机构的发展、媒体技术变革问题以及媒体政策和监管。卡伦还提到，威斯敏斯特的学者们都从事过媒体工作——加纳姆（Garnham）在BBC2工作过，文森特·波特(Vincent Porter)有纪录片拍摄经验，科林·斯帕克斯(Colin Sparks)和卡伦参与过政治新闻报道等等，这也意味着他们在节目制作中能"敏锐地意识到资源分配和常规过程的重要性"(16)。派迪·斯坎内尔(Paddy Scannell)和大卫·卡迪夫(David Cardiff)于1991对BBC档案所做的初步研究也至关重要，因为从中他们认识到阐释媒体节目——比如广播节目——在特定的历史时刻是如何被整合到一个特定组织中的重要性。卡伦认为，"威斯敏斯特流派对政治经济学流派中的'政治'方面兴趣浓厚，突破了达拉斯·斯迈思(Dallas Smythe)等先驱者所代表的狭隘唯物主义"(21)。

借助批判政治经济学方法研究媒体组织，在北美学者中是比较少见的。北美学者更多的是借助不同的方法关注宏观结构。在北美，批判政治经济学这个术语与受到阿多诺、因尼斯和斯迈思思想影响的学者联系最为密切，可以说，他们采取了更具说服力的马克思主义方法，对文化的考虑比因尼斯少(Babe，2009)。在美国，由斯迈思和席勒培养的几代学者一直关注广泛而普遍的权力关系。文森特·莫斯可(Vincent Mosco，2009)认为1979年在伊利诺斯州的一次会议是北美政治经济学发展中的一个关键事件，包括托马斯·古贝克(Thomas Guback)、珍妮特·瓦斯科(Janet Wasko)、艾琳·米汉(Eileen Meehan)、奥斯卡·甘地(Oscar Gandy)在内的学者开始建设

民主通信联盟 (the Union for Democratic Communications)(88)。这些学者的工作显然聚焦在电影和广播产业 (Guback, 1969; Wasko,1982; Meehan,1983)。

批判政治经济学方法的研究特点是为了探寻传媒产业如何再现其权力以应对在后殖民国家中、持续的冷战斗争中以及西方国家出现的日具争议的政治认同过程中媒体力量在全球重要性的日益增强。批判政治经济学方法既关注国家政策，也关注新闻的日常制作。值得注意的是，研究文化和电影新历史的学者也因为对此类问题的关切开始了对传媒的探索。

文化研究

当代传媒研究的另一个主要先驱是"文化研究"，它最早出现在20世纪50年代和60年代的英国，左翼人文主义者想要通过文化研究去理解广义上与工人阶级及其经历相关的"文化"。"文化研究"采用的方法很多，我们这里主要关注批判唯物主义方法。随着1964年伯明翰当代文化研究中心 (CCCS) 的成立，文化研究正式体系化，不过直到20世纪70年代，与文化研究相关的著作才陆续在其他地区出现。文化研究认为，"文化"并不只包含艺术或"高级"文化，也包括日常生活实践和经历。就这样文化研究为电影、电视和其他流行媒体的研究开辟了一条至关重要的道路。此外，文化研究源于马克思主义思想的代际转移，并推动学者将文化理解为物质和社会活动的产物。正如尼克·库尔德里 (Nick Couldry) 所指出的 (2015：2)，雷蒙·威廉斯 (Raymond Williams) 主张我们"超越马克思对'物质基础'

和'上层建筑'的区分,发展出一个'文化生产的概念'"(1979,139)。在他著名的文章《文化研究:两种范式》(*Cultural Studies: Two Paradigms*)中,斯图亚特·霍尔(Stuart Hall)认为,在所谓的"适当的文化唯物主义理论"中,语言应被视为一种物质化过程(1980a:72)。换言之,霍尔提出的理论充分考虑到了具体物质条件和实践以及社会组织结构和意识形态问题。

1969年,当霍尔担任伯明翰当代文化研究中心(CCCS)的主任时,受到1968年5月事件的启发,霍尔及其中心文化研究工作重心都集中在媒体和意识形态上。其中有一些工作借鉴了与当时电影研究相同的理论。例如,当霍尔研究照片和新闻框架时,他会参考罗兰·巴特(Roland Barthes)和路易·阿尔都塞(Louis Althusser)的观点,而不是文化社会学(很奇怪在众多学者热衷法语理论的20世纪70和80年代,皮埃尔·布尔迪厄〔Pierre Bourdieu〕却被忽略了)。更为重要的是,文化研究学者在研究媒体时,坚定地认为要思考生活体验——文化就是日常生活——日常生活才是意识形态和霸权得到发挥的场所。

霍尔的《编码/解码》(*Encoding/Decoding*, 1980)阐述了传媒生产结构的重要性,该文章为后续学者从多视角理论化、系统化"文化研究"奠定了基础。文章指出尽管当时解码组件颇受关注,而在众多有关"文化循环"的概念整合中,约翰逊(du Gay et al., 1997; Johnson, 1986; D'Acci, 2004)关于生成节点的观点不容忽视。霍尔的文章重点指出电视和其他媒体的观众不是被动地内化媒体文本的意识形态立场,而是根据自己的信念和思想积极地梳理媒体信息的意识形态。值得注意的是,这些文化倾向是媒体制造者共享的,传媒生产者有意或无意地以霸权的方式复制世界。霍尔的文章引发其他学者进行了一系列关于媒体接待的后续研究，这些研究开始测试霍尔的编码/解码模型。最著名的是夏洛特·布朗斯顿(Charlotte Brunsdon)和戴维·莫利(David Morley)对电视节目《全国范围》(*Nationwide*)的研究(Brunsdon & Morley, 1978; Morley, 1980)，他们的研究包括文本分析和对观众的采访。

然而，总的来说，20世纪70年代和80年代的文化研究的兴趣点并不是媒体制作或传媒产业。文化研究对"编码"有了一定的认识，但对传媒产业的实践并没有进行系统化的探究。正如尼克·库德瑞(Nick Couldry, 2015)在一篇重新审视霍尔早期媒体学术的文章中指出，霍尔的主张非常简单，即新闻"框架不是一个自由解释的过程，而是一个深度结构化的过程，最终建立与电视、政府、其他强大机构的联系"(639)。库德瑞还强调，霍尔确实关注到了新闻制作问题，但这种对"编码"过程的关注并没有扩展到电视节目制作的常规实践。霍尔承认媒体机构的权力地位，但他更为明显并带有政治动机的目标似乎是复现(或发现)受众面对特定的新闻或媒体内容时的反应。

事实上，文化研究对媒体和传媒产业研究最重要的贡献之一是它的跨学科性，它将人类学和社会学方法与文学、电影研究、历史和其他人文学科领域的方法相结合，否认了人文学科或社会科学分类的典型边界。此外，编码/解码模式把"制作"视为一个(但不是唯一的)生成意义的"确定"场所，这也为学者提供了一个新的研究思路，即从文化研究的角度研究媒体制作的细微差别和矛盾。事实上，文化研究有助于我们审视和理解传媒产业作为生成意义和权力的场所，一个在更广泛的生活和社会经验领域中被定义的场所；同时文化研究还有助于研究者借鉴人文和社会科学的不同研究方法和数据来源。

电影史

在1968年5月的事件之后，电影研究虽仍专注于电影形式，但电影的社会地位和力量等相关问题开始为其注入活力，电影被认为是一种意识形态和政治工具。在这个时期，"高理论"(high theory)主导了许多具有创新性的电影写作研究，这些研究工作深受大陆理论(Continental theory)的杰出代表和哲学名人的影响，尤其借鉴了费迪南德·索绪尔(Ferdinand de Saussure)、雅克·拉康(Jacques Lacan)、路易斯·阿尔都塞(Louis Althusser)和罗兰·巴特(Roland Barthes)的结构主义、精神分析和/或马克思主义理论。最为关键的是，在20世纪60年代和70年代，电影研究在许多大学站稳了脚跟，这个时期也见证了许多新的学术期刊的出版，其中具有里程碑意义的出版物，如彼得·伍伦(Peter Wollen)的《电影中的符号与意义》(Signs and Meaning in Cinema, 1972)和克里斯蒂安·梅茨（Christian Metz）的《电影语言：电影符号学》(Film Language: A Semiotics of the Cinema, 1974)，都对媒介进行了符号学分析，还有其他许多出版物则利用精神分析理论去探究电影如何将观众建构为"主体"。《银幕》(Screen)杂志将"机器理论"和意识形态批判联系在一起。此外，还出现了女性主义电影理论，其代表人物劳拉·穆尔维(Laura Mulvey)于1975年发表了标志性文章《视觉愉悦与叙事电影》("Visual Pleasure and Narrative Cinema")。这些高度理论化的研究试图在分析电影文本和表征的基础上，进一步解释电影结构和意识形态的一般原则。

尽管在20世纪70年代也有少量学者进行产业分析(Balio, 1976;《经济技术史》，《电影杂志》1979年春季刊)，但是关于电影产业方面的学术专著和文集在 80 年代开始呈稳定出版状态。这种研究的出现大体是因为电影研究的"历史转向",而这种转向主要是由实证研究而非理论推测驱动的。研究者通过档案研究梳理历史,从这个时代去论证电影的复杂性和重要性,将电影产业置于工业和社会背景中(例如,Abel, 1987; Allen, 1980; Gunning, 1986; Musser, 1990)。

20 世纪 80 年代出现了许多关于"经典好莱坞"的研究,这些研究为早期好莱坞的产业化运作增添了新的见解和关注度。其中最著名的也许是大卫·波德维尔(David Bordwell)、珍妮特·施泰格(Janet Staiger)和克里斯汀·汤普森(Kristin Thompson)合著的《经典好莱坞电影:1960 年之前的电影风格和生产模式》(*The Classical Hollywood Cinema: Film Style and Mode of Production to 1960*,1985)。该书明确地将电影特点与产业条件联系起来,并将研究方向从电影内容研究转向探索整个产业基础设施,不只是关注电影摄影方面。施泰格在书中强调了"生产方式"这一要素,她总结了自己对产业因素感兴趣的原因,如报纸印刷商的女儿这层身份以及道格拉斯·戈马利(Douglas Gomery)的毕业培训。戈马利于 1970 年获得威斯康星大学麦迪逊分校(University of Wisconsin-Madison)经济学硕士学位,1975 年获得传播艺术博士学位。他的成就颇多,他制作了大量早期传媒的学术研究模型,他的论文研究探索了美国电影产业中新出现的有声技术,他还撰写了有关电影展览、媒体所有权和工作室制度变化方面的书籍和文章,他与罗伯特·艾伦(Robert Allen)合著了《电影史:理论与实践》(*Film History: Theory and Practice*)一书,该书与《经典好莱坞电影》(*Classical Hollywood Cinema*)同年出版。

在这本书中,艾伦和戈马利建立了四种类型的电影史:美学型、技术型、经济型和社会型。经济史的次分类创造了一个可识别的子领域，该子领域成为传媒研究的基础。与此相关的研究一直持续到20世纪90年代，比如贾斯汀·怀亚特(Justin Wyatt)对"高概念"电影的研究(1994)。戈马利、施泰格（Staiger）、汤姆·沙茨(Tom Schatz)和蒂诺·巴利奥(Tino Balio)通过重新审视当时所谓的"电影史"，阐明了电影产业的生产过程。此外，他们也培养了一代学生，他们的研究方法不仅适用于电影，更超越了电影的界限。电影研究对传媒研究的主要贡献之一是证明了建立在大量档案研究和原始文献分析基础上的历史和产业史学研究的重要性。

借助以上提到的三种主要的学术方法，"传媒研究"在21世纪初得以成形。人们对工具和思想的探索深刻影响了这三种学术方法，这些工具和思想可以从不同角度解释20世纪60年代末文化和政治之间的关系。从事文化研究和政治经济学对话的学者都对媒体权力感兴趣并将媒体产业理解为权力的场所，但他们同时也关注研究这种权力在不同场合的运作情况，并认为这其中是有着细微的差别的。广义地说，在这一阶段，政治经济学研究较少关注实际的媒体内容，而来自CCCS的文化研究学者试图理解新闻机构是如何基于他们观察到的内容来构建事件和群体(《监管危机》，*Policing the Crisis*)。可以说，权力运作不是电影产业历史研究的核心，但关键的是，许多电影研究学者试图将电影构成因素与其创作的产业实践联系起来。

除了建立这三种截然不同的研究方法，学者们对特定媒体的研究也会进行划分。虽然托马斯·古巴克(Thomas Guback，1969)和珍妮特·瓦斯科(Janet Wasko，1982)等学者从批判政治经济学角度研究电影，但这种方法主要集中在新闻和新闻业的研究上。文化研究也将新闻视为研究对象，比如《监管危机》(Hall et al., 1978)和电视节目《全国范围》(*Nationwide*)(Brunsdon & Morley, 1978; Morley, 1980)涉及对新闻的研究，但其操作具有更广泛的文化影响力，文化研究鼓励学者去研究"柔和"新闻背后的机构，如《全景》(*Panorama*)，以及广泛的媒体和流行文化形式，也有学者因为研究这种文化形式而变得有影响力。另外，电影研究中的产业研究集中在电影上——尽管到20世纪80年代中期，新兴一代学者将文化研究与电影史结合起来，也发展了对电视的有力研究。也许是因为研究对象的分离，我们在进行相关对话时得到的交叉信息也比较有限。

本书谈论了大量的文献，以美国和英国的重要著作为主，需要注意的是，这两个国家的核心实践和关注点往往存在显著差异。当然，其他地区也形成了不少相关研究并常被人们所谈及，也为我们提供了对比鲜明的政治、经济和产业历史。例如，我们在这里所描述的政治经济学、文化研究和电影研究的轨迹是呈离散状态的，但是澳大利亚媒体学术研究中，这三者交叉重合程度更高(Turner, 1990; Cunningham & Turner, 1993)。政治经济学、文化研究和电影研究可能从后殖民条件和20世纪60年代末的文化动荡中获得了共同的灵感，但在20世纪80年代之前，学科设置和研究对象的差异给这些领域的交流带来了障碍。

20世纪80年代末的媒体全球化：重新审视文化研究和批判政治经济学

20世纪60年代末，社会、政治和工业发展激发了学者对媒体产业的研究。大约在20世纪80年代，三者的组合，叠加上技术变革，再次引发了对媒体产业的关注。从20世纪80年代中期开始，亚洲、非洲和拉丁美洲的一些民族国家采取了一系列以市场为导向的政策，旨在将其经济融入全球贸易和商业体系。在来自西方的巨大政治和经济压力下，一些国家试图减少政府在经济中的作用。不少国家取消了国有垄断，降低关税和税收，并在包括媒体和电信在内的若干行业积极引入外国投资。到20世纪90年代中期，这些结构变化导致了媒体产业的急剧扩张——电影、电视、广告以及当时新兴的ICT行业迅速私有化和企业化(Chakravartty & Zhao, 2008)。这些变化在视听产业方面表现得最为明显，其中，录像机和卫星通信扩大了电影和电视节目的选择范围，跨国媒体得以发展，商业竞争对手得以进入长期由公共服务或政府资助体制主导的国家。外国媒体公司的进入也引发了当地的竞争，许多地区性和国内媒体公司积极应对跨国媒体公司的影响。从总体上看，用于解释冷战结构的自上而下核心—边缘沟通流理论和新殖民主义依附理论，不再具有同样的解释力。

席勒(Schiller, 1992)对自己的研究进行了更新，承认20世纪60年代和70年代的地缘政治结构发生了显著的变化，但他同时强调了要关注美国文化主导的新形式。其他学者，尤其是那些借助电影研究和文化研究方法去深入了解媒体和传播的学者，开始倡导对政治-经济权力与媒体权力、文化权力之间的联系进行更细致的研究。受众研究的学者明确指出，有着不同社会背景的观众并不是文化傻瓜，他们不会直接接受电影和电视节目中传递的消费主义观和资本主义价值观；而有线电视和卫星电视本土化研究的一个新兴学术团体(Parks & Kumar, 2002; Kaidy, 2005)提到，国有媒体在面对新的竞争时重新配置其运营的复杂方式(Kumar，2006；Straubhaar，1991)以及有时几乎完全绕过美国媒体的区域间流动(Iwabuchi，2010)，说明全球媒体产业受到西方媒体公司奴役的说法是经不起推敲的。

20世纪90年代初见证了我们今天所熟悉的多极媒体世界的形成。大卫·莫利(David Morley)和凯文·罗宾斯(Kevin Robins)认为，"充满地缘色彩的社会理论"(1996，6)对理解媒体和传播的变化至关重要。他们调查了自20世纪70年代末以来影响世界各国经济的政治和经济转型，特别关注资本流动所产生的日益复杂的空间关系，并认为这是"理解传媒产业发展本质和意义的必要背景"。简而言之，媒体学者越来越清楚地认识到他们的研究不仅需要超越西方国家和媒体帝国主义，还必须重新审视传媒产业在民族国家设置的边界内发挥作用的假设。民族国家的确应当作为媒体产业研究的考量因素，但在媒体产业全球化的情形下却又另当别论了。

例如，在20世纪90年代，宝莱坞的空间坐标和地理范围发生了巨大的变化。"宝莱坞在世界的哪个地方？"答案当然是"孟买"。然而，如果不绘制孟买与纽约、洛杉矶和伦敦等其他金融、科技、南亚移民和创意工作中心的联系图，就无法全面了解作为全球媒体之都的孟买是如何崛起的。同样的说法也适用于中国的电影和电视产业、加纳的信息通信技术产业，当然还有好莱坞。更进一步说，把宝莱坞概念化为电影产业，既不可能也不可取。电视和数字媒体已成为宝莱坞在世界范围内输出其媒体内容的主要方式，它扩大并重新定义了媒体消费的场所和模式，还使电影制片人和明星能够收获海外市场和观众。社会、经济和技术条件的这种转变压力下，相比起那些根植于发展理论、依附理论的传媒研究，全球传媒应该创新其研究方法。

电影研究同样将其对产业的高度关注带到了不同的国家的背景。电影研究中有一个西方流派专门研究某些国家的电影，他们通常对电影的民族特征进行文本分析和阐释，有时也可能会涉及产业问题(Kracauer, 1947; Anderson & Richie, 1959; Richie, 1971)。对不同国家电影产业的研究，特别是对"国家电影"的关注起步于20世纪80年代，到90年代才真正成为电影产业研究流派，持续走强。这类研究有时也会讨论不同国家的电影产业。学者们以更宽广的视角研究"国家电影"，全面细致地描述和分析产业历史(Armes, 1987; Elsaesser, 1989; Hayward, 1993; Street, 1997)。虽然产业并不是"国家电影"学术研究的关切点，但这项研究有助于区分不同电影产业的特征，以便解释电影风格或共性趋势产生的方式和原因。国家电影研究中的产业分析是从广义角度去看待产业结构、政策和实践。研究中的许多案例都涉及国家对电影产业的直接支持(法国、德国等)，使其在政治上直接"民族化"，同时这也把这些国家的电影业与美国好莱坞区分开来。在这一领域，安妮·杰克尔(Anne Jäckel)的欧洲电影产业研究(2003)独树一帜，其研究直接关注产业结构、国内及多国政策手段。安妮认为在日益全球化的情况下，这些政策手段有助于国内和泛欧洲电影的生产。

借助批判政治经济学方法进行的研究自然关注媒体全球化模式的变化，在20世纪90年代，另一关注焦点是传媒的大量合并(从许多竞争者到少数竞争者)和企业集团(从单一产业参与者到多产业控股)。学者们撰文叙述(Bagdikian, 2004)：随着合并和收购从单一的产业部门蔓延，所有者的数量稳步减少。其他学者则分析了监管变化，认为其促进了20世纪90年代电影业大规模交易，使产业聚集起来

(Holt, 2011)。瓦斯科 (Wasko，1994) 则研究了新技术给"娱乐产业"带来的连续性和变化，如有线电视和家庭录像。这些研究延续其一贯的批判态度和辩论方式，并预测产业集团化将导致文化产品的同质化 (McChesney, 1997)。相比之下，经济学家本杰明·康宾 (Benjamin Compaine,1979; Compaine & Gomery, 2000) 应用了广义的经济原则，根据产业分类，对其中许多影响因素进行了充分阐述，为美国所有权规范的变化提供了一个更细致的解释。实际上，现在下结论还为时过早，因为这些公司的整合重组需要 10 年的时间。10 年后当"互联网"成为焦点，整合重组的影响就被忽视了，正如新的企业集团会重新进行配置。

电视研究和产业的融合

政治、监管和技术力量已经实质性地改变了传媒产业的运作，并激发出新的解决方法和仍需探究的问题。传媒产业研究的文化研究方法与之不同，它通过文化研究和电影新历史之间日益增长的交流进行方法重塑。电影学者——尤其是那些在 20 世纪 80 年代和 90 年代接受过电影课程培训的人——开始更广泛地研究流行文化，特别是电视，并开始思考产业问题。到 20 世纪 90 年代初，大量的书籍整合了文化研究的文化循环模式，其中包括结合制作和电影史探究制作模式如何影响文本结果，这些书籍成为美国电视研究的基础 (Anderson, 1994；Balio, 1990；Boddy, 1993；Caldwell, 1995；Curtin, 1995；D'Acci, 1994；Hilmes, 1990；Spigel, 1992)。这些著作大多利用档案研究，让人们有依据地充分认识监管和产业实践的动态，尤其是美国电视业早期的动态。这些作者中的许多人在20世纪90年代开始培养研究生，并将产业研究作为传媒产业研究的一个重要组成部分。

20世纪90年代初某些重要的批判政治经济学家和文化研究学者之间的激烈分歧导致传媒产业研究出现了偏离，未能在当时形成连贯的研究(Babe，2009)。实际上，这场辩论并没有涉及产业研究问题以及传媒产业在媒体权力中的作用(参见 Colloquy，1995)，辩论中心是两种研究方法的"对立结构"(strawman construction)。在20世纪90年代末，文化研究和政治经济学在北美互不相容，至少对于研究视听媒体的学者是这样的。虽然这场辩论延迟了两个研究方法之间的对话，但在一定程度上促进了传媒产业后来研究的连贯性。

辩论不包括流行音乐和新闻业的产业研究，这些研究主要出现在相关独立知识期刊和学术会议上。当然，还有许多其他颇具影响力的研究，但它们与政治经济学、文化研究或电影新历史的研究方法没有明显的关联。媒体经济学很少考虑文化的复杂性，但它能够帮助了解更复杂的产业运作(Compaine，1979；Owen & Wildman，1992；Picard，2002)。此外，组织研究以及将媒体机构视作组织的社会学研究给传媒研究提供了有价值的见解，即使这两种研究关注的焦点和问题不尽相同(Hirsch，1972；Peterson，1982)。最值一提的是，约瑟夫·图罗(Joseph Turow，1992)通过对媒体产业的组织动力和压力的探索建立了一个早期的框架，用于理解产业中各种角色的组合以及它们之间的谈判是广泛生产和流通过程的一部分。

结　语

　　我们为传媒研究所提供的只是一个知识谱系的起点，这个谱系需要更多的学者将其扩展到美国／英国和视听偏见之外。尽管如此，在某种程度上我们仍然可以看到一些传媒研究的模式和连贯性。学者们开始关注在20世纪一些最具破坏性的政治和文化节点，传媒是如何生产和传播的。关于20世纪60年代末那场动荡在思想史上重要性的描述，我们的依据源自那些相关学者的采访和叙述，以及他们对这些年间不断发展、日益连贯的学术对话的反思。本章节仅浅述大量的著作文献中的观点，我们希望创建一个参考书目以帮助那些希望获取该领域全面知识的研究者。

　　我们对传媒产业研究的起源仅追溯到20世纪末，并在本书的结语部分回顾传媒产业研究在这之后的发展，其中我们讨论了新媒体和互联网传播、媒体的进一步全球化，以及21世纪第一个十年出现的媒体所有权的聚集和合并等关键话题。第二章是本书的主要结构和组织框架，围绕产业研究的层次或规模展开，从微观层次的个人和特定角色开始，逐步考察民族国家之间、全球经济之间的政治结构如何进行谈判，并探究传媒如何在历史和地理语境中产生和传播文化形式。

2. 个人和角色

当提到媒体时，我们通常会想到自己喜欢的电影和电视节目、听过的广播节目和播客、崇拜的明星、使用的应用程序，以及玩过的游戏。当我们去思考对我们的生活和世界产生深刻影响的媒体产业，我们通常会想到那些具有传奇色彩的个人，他们有着巨大的影响力且家喻户晓，比如西方的马克·扎克伯格(Mark Zuckerberg)或奥普拉·温弗瑞(Oprah Winfrey)，亚洲的马云，中东北非地区的瓦利德·易卜拉欣(Walid Al Ibrahim)。事实上，公众对媒体产业运作的讨论，尤其是在商业、政策和监管方面，往往把注意力集中在创始人、首席执行官和其他掌舵大公司和大集团(如新闻集团、亚马逊、苹果、迪士尼、阿里巴巴等)的大亨身上。这种对关键人物的关注也塑造了我们对传媒创造性方面的看法。新闻报道和我们普通人对传媒的了解有很大一部分是集中在主要电影导演、电视制作人和游戏设计师的名字和角色上面。

但是我们很少听到这样的说法：各种媒体形式的生产、流通和维护有赖于无数普通人的日常细致工作。新闻编辑部的平面设计师、音乐产业的星探、电影和电视的选角代理、社交媒体平台的内容管理员，以及许多其他极为关键的角色。媒体学者倾向于淡化个人的影响，他们关注的是个人所处的更大的组织和政治经济结构。当我们关注媒体产业中的个人时，一切变得更具创造性(电影导演变为艺术表现力很强的导演、著名的新闻播音员变为政治变革的代理人)。现实情况通常更为复杂，需要根据不同的情境去讨论。

一个新兴的传媒产业研究学术群体恰恰聚焦于工业化媒体生产中所涉及的特定角色和个人。关于传媒产业领域的广泛研究通常聚焦媒体中的具体工作，提出问题以促使我们理解特定角色在产业化领域做出的贡献，而传媒产业化是媒体商品生产和流通的特征。这一层次的研究经常考察特定的角色，比如电影制片厂大亨、受人尊敬的导演、杰出的编辑或著名的音乐制作人。这类研究的对象通常都是杰出的个人，他们的公众形象是经过很多年精心塑造的。仔细观察他们在传媒产业中的发展轨迹，可以发现他们的独特影响力，同时也可以映射出更广泛的经济、政治和社会文化动态，这些动态既促进也限制了他们的作用。

换句话说，专业、复杂的多层次生产和流通过程对个人有很大的限制。个人总是与更大的管理结构相抗衡，但是个人通常只能对从创意生成到媒体产品最终抵达受众这个复杂过程造成很小的影响。但是数以百计的个人行为和选择会决定媒体产品的产生以及它们接触观众的途径。例如，导演可能会针对电影的许多方面做出最终决定，但那些向导演汇报的人在整个制作过程中的选择范围明显更小，因而在所给的选择方面发挥的作用也小。

个人始终是整体的一部分，且拥有蒂莫西·哈文斯(Timothy Havens)和阿曼达·洛茨(Amanda Lotz)所描述的"受限制的代理"(2014)。他们的研究借鉴了米歇尔·福柯(Michel Foucault)(1979)和安东尼诺·葛兰西(Antonio Gramsci, 1971)发展的权力和代理理论。

2. 个人和角色

实际上产业研究学者使用了大量的社会和文化权力理论，试图研究不同的个人在传媒中扮演的角色。例如，哈文斯 (2014) 采用了安东尼·吉登斯 (Anthony Giddens，1984) 的"结构化"理论，去分析塑造媒体工作者权力的代理和结构方式。其他一些学者则借鉴了皮埃尔·布迪厄 (Pierre Bourdieu，1984) 的社会学分析，来考察充当"中介"的各种媒体工作者，这些工作者影响了媒体产品在生产和流通过程中的社会意义 (du Gay et al., 1997; du Gay, 1997; Negus，1999)。在这些相关的著作中，我们可以很明显地看出研究个人和专业角色往往需要分析权力、代理和影响。

对传媒角色和执行角色的个人的研究考察了生产和流通的不同任务是如何组织、分配和执行的，以及产生了什么后果。某种程度上来说，在本书所探讨的其他层次上，个人的行为是显而易见的，但是个人或涉及特定角色的实践通常是模糊的或笼统的，让位于产业、组织或生产的操作规范和实践。当然，大企业集团、产业、组织和产品都是由个人组成的，但关注个人和特定角色为我们理解传媒的运作提供了新视角。大范围的问卷可以推动对角色或个人的研究。但正如我们在本章的研究案例中所看到的，研究过程中最重要的是不要局限于描述性的案例研究，而应将特定的个人和/或角色与传媒产业研究中更大的问题和关注点联系起来。

本章强调了广泛的传媒产业研究，这些研究旨在深入理解个人扮演的角色，他们如何克服媒体行业内部和外部的各种限制，以及克服限制的后果。根据对一系列媒体行业个人和角色的研究，我们指向了整个行业固有的假定和状况。我们还讨论了一些看似奇怪，但在技术、政治和文化变化的时期被认为是理所当然的规范。在某些研究中，与劳动条件相关的问题尤为突出。也有些学者提出了类似供应链分析的理论，他们关注的是特定角色的附加贡献。

关于个人和角色的学术研究通常是具有双重性的。通过揭示媒体专业人士的日常实践以及他们在复杂组织中的角色，这种研究方式有助于学者们更细致地理解传媒产业，因为我们大多数人不太了解传媒的日常运营。通俗地说，对看似寻常做法的细致描述有助于了解那些生产和传播文化产品人员的工作内容。凯尔·巴内特(Kyle Barnett，2014)在20世纪初美国唱片业的星探工作就是一个很好的例子。巴内特描述了"唱片人"如何克服社会和文化差异(例如农村和城市的品位文化)，这些差异在当时助推了音乐产业的扩张和转型。在某种程度上，这个研究好像很特别，可能只对美国唱片业历史感兴趣的人有价值。的确，这个研究背景的价值可能有限，但在实践中，巴内特案例具有更广泛的适用性。

各行业、各地方的各媒体工作者总在宏观影响因素和组织规范内进行权衡，对这个方面的细致研究旨在推动对这些作用力的理解。就巴内特来说，这意味着要去研究各种音乐形式的分化，比如我们现在所说的美国爵士乐、蓝调和乡村音乐等，以及研究当时与这些音乐形式相关的有争议的概念和文化政治。可以说，这种争议在整个唱片音乐历史上一再重现。巴内特所探讨的时期正是因专利到期而导致留声机产业扩张的繁荣时期。很久以前，就有观点指出技术创新与形式变化，甚至新媒体形式和类型的出现密切相关。事实上，反思早期的颠覆时期可以解决"新"技术带来的许多困境。此外，研究唱片经纪的角色和实践可能会为研究传媒的文化中介提供新思路或者奠定理论基础。这里提到的经纪人包括例如管理社交媒体平台上"网红"的经纪人。

2. 个人和角色

巴内特关于传媒个人或行业角色研究的文章并不是唯一的，但它提供了一个鲜明例证，说明进行研究项目需要进行大量阅读，探究更广泛的概念性问题。简而言之，对个人及其在更大的文化生产场所中的角色的研究，能够而且应该为整个传媒的运作提供新的视角和见解。

本章节首先简要讨论学术界对电影导演的研究，这些导演在业界和流行文化中被誉为特别有创意或重要的人物。尽管大多数关于导演的研究并不在传媒研究的范围内，但"导演"通常被认为是电影产业中一个重要的人物，我们认为研究那些从事产业分析的导演是有帮助的。关注导演或许能让我们对电影产业有更深的了解。接下来，本章节继续讨论在媒体生产中扮演重要角色的其他人，如作家、音乐总监和电子游戏开发者。这部分我们将强调媒体生产所需要的复杂的人力和资源安排。

当然，媒体的制作只是特定产业的一个组成部分，因此本章节继续讨论媒体工作者，是他们使媒体产品的发行和流通得以实现。我们的案例涉及在本土媒体流通中发挥作用的音像店店员，促进媒体跨国流通的海外媒体企业家，以及重新配置了我们当前数字时代媒体流通的算法推荐系统软件开发者。最后，由于专注于个人和专业角色的学术研究可能会形成对特定产业的碎片化或片面描述，本章节在结尾部分研究了经纪人，因为经纪人是连接电影产业不同领域方面的桥梁。通过观察两项在研究材料和方法上有显著差异的研究，我们认识到经纪人和经纪公司在历史上和现在阶段发挥的关键作用。比较这些研究也让我们更深入地思考学者是如何研究个体的。

导 演

长期以来，研究导演和撰写关于导演的文章一直是电影学界的惯例。事实上，我们很难估算研究导演的出版物数量，例如，对阿尔弗莱德·希区柯克（Alfred Hitchcock）的研究就构成了一个小型产业。人们对导演关注是因为他们觉得导演拥有特权，并控制着电影的制作。然而，由于"导演主义"(auteurism)的盛行，或者某些导演以"作者"自居向电影施加显著的、创造性的控制，大部分关于导演的研究不一定有助于"媒体产业研究"。这个观念是由法国影评人在 20 世纪 50 年代提出的，在 60 年代由安德鲁·萨里斯（Andrew Sarris）在美国普及的。导演主义促使学者们更多地关注文本形式、风格和"个性"问题，而不是工作实践、劳动条件或产业背景。

事实上，很多导演研究都试图不考虑产业背景研究导演的个人风格。事实上，许多对经典好莱坞的产业研究都在努力反驳这样一种观点，即导演在产业中拥有创作特权（Schatz, 1988；Bordwell, Staiger & Thompson, 1985）。为此学者们已经研究了电视产业的制片人和节目制作人的权力（Newcomb & Alley, 1983）。最近，约翰·桑顿·考德威尔（John Thornton Caldwell, 2008）指出，"在当代电影/电视中，谈判和集体创作几乎是一个不可避免的决定现实的因素"(199)。

尽管如此，还是有一些导演研究关注产业动态的问题，并以"产业导演主义"(Tzioumakis, 2006) 来说明导演的产业意义。这些著作偏离了经典的导演主义，他们不是从电影形式来研究导演，而是从"经济、产业和制度决定因素"的角度来研究电影作者（Dombrowski, 2008: 2）。与此相关的作品包括贾斯汀·怀亚特（Justin Wyatt）研究

2. 个人和角色

罗伯特·奥特曼 (Robert Altman) 的文章 (1996)，丽莎·东布劳斯基 (Lisa Dombrowski) 研究塞缪尔·富勒 (Samuel Fuller) 的专著 (2008)，或马克·加拉格尔 (Mark Gallagher) 对史蒂文·索德伯格 (Steven Soderbergh) 的研究 (2014)。

有一些产业导演主义的作品将导演视为"文本外"的代理人 (Tzioumakis, 2006：60)，并研究关于导演的话语，将导演置于更大的产业背景中。在这方面，乔恩·刘易斯 (Jon Lewis)1997 年对弗朗西斯·福特·科波拉 (Francis Ford Coppola) 的研究——《上帝想要毁灭的人》(*Whom God Wishes to Destroy…*)，将导演主义作为一种话语范畴，科波拉自觉地将他自己作为一种产业和宣传身份的形式。"科波拉，"他说，"明白他必须以导演的身份推销自己……以便在好莱坞保持强势地位。"这本书详细描述了科波拉从 20 世纪 70 年代末到 90 年代初为了从好莱坞获得产业独立所做出的努力，他认为好莱坞电影公司的经济目标和管理监督扼杀了创造性的电影制作。这一点在科波拉成立西洋镜工作室 (Zoetrope Studios) 时表现得尤为明显，该工作室的奋斗目标是成为一个独立的工作室，在好莱坞工作室体系之外制作和发行电影。刘易斯在很大程度上借鉴了产业出版物来使他的论述更具说服力，但关键是，他将这些材料批判性地视为"谣言"和"炒作"，尽管它们在标识地盘、设置议程和确定立场等重要的产业功能中发挥着重要作用。刘易斯使用来自贸易出版社的话语构建了一个关于科波拉的产业活动和动机的叙事。通过这种方式，刘易斯的研究表明，在产业学者构建关于产业和产业工作人员的叙事时，传媒产业研究有时比经济分析需要更多的论述。

刘易斯的研究涵盖了这一时期科波拉电影的制作和接受度，并描述了科波拉对创新电影制作流程所做的尝试。他结合电影产业的宏观现象对这些描述进行了分析，比如不同电影公司所有权的变化以及家庭录像的兴起。看到这样的宏观现象，刘易斯认为科波拉在20世纪80年代评论界和产业界地位的下降并不完全是因为他是一个糟糕的导演或商人，而是因为这位导演无法适应80年代美国电影产业的变化。

因此，刘易斯的书籍与许多导演研究形成了鲜明的对比，他展示了科波拉的导演职业生涯如何反映了20世纪80年代好莱坞产业体系的状况，从而扩充了我们对整个产业的理解。此外，他的书同时展示了关于单个产业工作人员的叙事是如何被积极建构的，以及像导演这样的杰出人物是如何在更大的制度和产业背景下工作并反映这些背景的。

制作媒体的个人

与对导演等杰出人物的研究相比，传媒最近的研究开始探索产业中的角色，这些角色执行不同的目标和任务。在最广泛的层次上，对特定角色的研究势必会牵扯到媒体工作者面临的根本矛盾——在考虑到传媒工作高度专业化的特点所带来的局限性的同时，如何抓住机会发挥自己的代理作用。

正如阿尔弗雷德·马丁（Alfred Martin）关于美国媒体领域作家的研究（2015）所论证的，在某些情况下，扮演特定角色的人会为更具体的问题提供信息。事实上，除了将导演和制片人视为重要的创意人物之外，许多学者还研究了编剧的工作惯例和职能，并经常评估编剧在影视产业中的相对权力（Banks，2015；Conor，2014；Redvall，

2013)。马丁所用的案例以访谈为基础，展开对研究重点的论述。马丁将黑人情景喜剧作家的写作实践和他们创作黑人同性恋角色的经历，用于探索产业实践如何影响媒体内容。马丁指出，那些为被历史低估和边缘化群体发声的作家即使克服了将多样性带入作家圈子的主要障碍，他们的影响力也会受到生产等级制度的限制。

在研究媒体生产时，人们会发现，很多传媒产业是通过工作、工作条件和工作方式的相似性和差异性连接起来的。在影视业中，选角经纪人不仅影响劳工行为的塑造，而且在决定故事中角色的面孔和身体方面也发挥着关键作用。传媒产业研究人员针对选角经纪人的工作及其在媒体制作中的作用等不同问题进行了一定的研究。克里斯汀·华纳(Kristin Warner)的研究主要围绕美国电视节目缺乏种族多样性，以及"不分肤色"的选角操作使黑人难以在银幕上出现。华纳(2015)的研究融合了对选角经纪人的采访、对选角实践的观察和文本分析，进而去探究为什么"不分肤色"的选角实践尽管以反种族主义为目标，但却无法产生对美国黑人生活的理性表征。她的研究让我们更深入了解选角是如何起作用的，以及选角经纪人可行使的权力是如何被界定的，另外她的研究更广泛地揭示了相关的媒体工作者是如何影响电影中关于种族和种族差异思想的表达的。

艾琳·希尔(Erin Hill, 2014)从一个不同的角度探讨了为什么选角领域不再由男性主导。通过采访和选角导演的描述，希尔探讨了女性化的情感劳动技能为什么会被认为是角色成功的核心。希尔的研究非常有意义，因为传媒的许多领域都是高度性别隔离的，许多产业都在寻求策略以实现职级多元化。而希尔的研究有可能帮助制订相关的策略，从这点上来看，她的研究的意义远远超出了选角实践层面。

保罗·麦克唐纳(Paul McDonald, 2013)同样关注了视听媒体生产中的重要人物,在他关于好莱坞明星的书中将媒体行业引入明星研究。麦克唐纳的研究打破了普遍存在的采访研究。在对一些特定明星,如汤姆·汉克斯(Tom Hanks)、威尔·史密斯(Will Smith)和朱莉娅·罗伯茨(Julia Roberts)的案例研究章节中,麦克唐纳从大量的档案和产业数据中全面地展示了好莱坞电影制作中明星身份的财务影响。他对史密斯等明星的项目、报酬和商业成功进行了综合的描述,并追踪了他们在代言和公开采访中的变化、他们的代言(经纪人/经理)和工作室工作人员,从而找到该明星的话语与工作室估值和成果的关联。麦克唐纳的研究中使用了产业数据,比如美国电影协会(Motion Picture Association of America)的总票房数据,并调查了因法律诉讼而公开的预算文件,还添加了大量的二手资料和行业新闻,这些资料提供了媒体制作领域高薪人才复杂财务基础的细节。麦克唐纳指出,虽然"明星"处于一种文化建构的地位,但"明星"这个身份确实对好莱坞电影制片厂的表现以及他们决定拍摄哪部电影有着深远的影响。

传媒的研究倾向于关注关键的创造性角色,包括作家、导演、制作人和表演者,但是却忽视了媒体生产其他核心领域的工作和劳动。蒂姆·安德森(Tim Anderson, 2013)对此进行了修正和补充,他重点通过研究音乐监督以及负责选择电影和电视节目音乐的专业人员,去探索流行音乐和产业之间的联系。除此之外,安德森还研究了音乐总监地位的转变,他指出,在21世纪初,音乐总监被普遍忽视,但随着将电视节目和电影中所使用的流行音乐成为艺术家曝光自己才华的机会,以及所有传媒的动态适应了互联网传播,音乐总监的地位迅速提高。安德森建议把音乐总监看作是一种"中介",这是一种常见的方式，用来定义媒体工作者的工作，他们将制作和流通中的角色联系起来。安德森的分析依赖于广泛使用行业媒体对音乐监制的报道，他将其与不断变化的行业实践(尤其是在电视行业)联系起来解释，这些实践为这一角色日益重要提供了更广泛的背景。

凯西·奥唐纳(Casey O'Donnell)在《开发者的困境：电子游戏开发者的秘密世界》(*Developer's Dilemma: The Secret World of Video Game Developers*，2014)阐述了一种广泛的方法来研究传媒中的专业角色。这本书全面地展示了游戏开发的过程，从电子游戏的前期制作追踪到最终的发布。奥唐纳将这本书定位在科学和技术研究(STS)，通过对美国和印度游戏工作室四年的观察和采访，深入了解了隐藏在更知名的发行商和主机制造商背后的游戏产业。奥唐纳的嵌入性研究让他能够观察到电子游戏产业的工作条件，他的研究贡献不仅是针对特定的媒体产业，对数字技术和跨国工作团队所塑造的工作文化也有一定的影响。事实上，他所讨论的许多问题，如离岸外包和长期的关键时刻工作条件，包括数字视觉效果在内的其他媒体产业也有相似之处。奥唐纳的研究不仅让STS读者了解创造性协作工作的条件，还可以接触到关于游戏开发者的角色和他们必须协商的劳动条件的见解。

研究者们做了大量的关于在不同媒体产业和部门中发挥关键作用的各种人员专业角色方面的研究。事实上这些研究案例均证实，通过研究行业内部的一个专业角色，有助于研究者深入了解整个行业或行业面临的重要问题。随着学者们对传媒研究的重新定位，将研究范围扩展至以英语为母语的西方国家之外，这种强调人员角色的研究有望对全球媒体和文化历史做出重要贡献。以桑吉塔·戈帕尔(Sangita Gopal, 2019)对20世纪80年代印度进行的女权主义、电视和性别媒体研究为例。当时印度的电视基础设施出现了惊人的扩张,女性观众激增,城市向全球化消费文化转变,最重要的是,第二波女权主义给印度带来了深刻的影响。在这种社会环境下,戈帕尔探讨了一小群女性电影人发挥的影响。戈帕尔利用政策报告、贸易新闻文件、新闻报道以及电影和电视节目,以一位名叫赛·帕兰杰佩(Sai Paranjpe)的电影制作人为研究对象,描述了女性在迅速变化的媒体和文化生态中所面临的挑战。戈帕尔将帕兰杰佩的工作与身份政治以及她拒绝制作所谓的"女性电影"联系在一起,研究了相较于已有的较封闭的电影、纸质媒体,电视节目的需求以及视频的出现是如何创造新机遇的。追溯帕兰杰佩媒体行业的经历,如广播(戏剧)、电视纪录片、电视连续剧、电视戏剧、电影等,戈帕尔展示了如何通过对个体角色的研究揭示整个传媒产业(本案例为国营电视台)的出现和演变,进而揭示了性别媒体工作的可能性。

综上所述,这些案例说明了无论是研究工作状况、种族和性别意识形态的再生产,还是研究为应对行业动态的角色转变,不可否认的是,对参与媒体创新个体及其角色的研究是有信息价值的。此外,这里讨论的各类研究说明了媒体生产世界是广阔而复杂的,有着各种不同角色和个体。这里所引用的研究案例可以作为参照,去考察媒体制作中其他角色。这更加说明媒体生产需要大量的、复杂的工作人员和资源的安排,更离不开不同类型的工作和工作人员。

个人、中介和媒体流通

媒体制作过程中需要很多人发挥作用,但制作只是传媒产业的一部分。媒体产品须在受众中传播才能使他们阅读、观看、聆听或以其他方式消费产品。因此，媒体发行和流通的角色成为产业的一部分。许多人在服务这一产业职能方面发挥着重要作用，最近一些学者研究了影响媒体流通的个体。这些中介人物的位置通常在较大的媒体产业中不起眼，这或许可以解释为什么他们会被忽视。

丹尼尔·赫伯特 (Daniel Herbert，2014) 在对美国音像店的文化和产业研究中指出，音像店店员在电影产业中发挥了重要作用，他们促进了电影在当地社区的流通。赫伯特依据音像店员工培训手册和对员工的访谈，将店员定义为"通过具体的实践和互动而产生的社会角色"(72)。他详细描述了店员的典型日常工作，包括维护店面、与客户进行租赁交易。此外，由于顾客经常要求推荐电影，店员也扮演着鉴赏中介的角色。赫伯特认为，尽管音像店店员对整体电影产业来说似乎微不足道，但他们对电影发行业务和电影品鉴养成至关重要。赫伯特没有直接引用关于文化中介的文献，而是将店员描述为通过零售交易传递经济和文化价值的人，这有助于我们更广泛地理解产业和文化中介。

赫伯特从对美国各地店员的访谈中得出了不同的结论，比如"专业"音像店优先考虑小众电影内容，这与小城镇音像店形成鲜明对比。通过具体案例研究，赫伯特描述了这些店员(有些是匿名的)并大量援引了他们的谈话，让人们了解他们的工作生活以及他们对自我和职业的信念。他写道，专卖店的店员通常都是电影爱好者，他们"有使命感和信念，认为自己的店是另类文化的场所"(87)。这些店员往往具有广博的电影知识和兼容并包的鉴赏力，而这些会影响他们作为电影品鉴中介的方式。相比之下，小城镇的店员通常不是影迷，既无详尽的电影知识，也无独特的电影品鉴能力。他们会"根据他们对顾客租赁历史的了解和/或从其他顾客那里得到的反馈综合提出[电影]建议"(136)。赫伯特认为，通过这种方式，小城镇的职员在他们的城镇中"体现了电影文化"，因为他们与客户有持续的互动。

赫伯特对音像店店员的研究探讨了他们对媒体"本土化"的重要性，而考特尼·布兰农·多诺霍（Courtney Brannon Donoghue）则研究了对全球媒体流动至关重要的电影产业专业人士的角色。她的著作《好莱坞本土化》(*Localising Hollywood*, 2017)展示了不同的本土媒体产业、工作文化和个体员工是如何影响全球媒体流动的，这与《好莱坞全球化》(*Global Hollywood*, 在第六章中讨论)所采取的政治经济方法形成强烈对比，后者的证据来自报纸、贸易出版物、工业和政府报告。布兰农·多诺霍阐述了好莱坞如何本土化其产品，促进世界各地，包括巴西、英国、德国和西班牙等国在内的本地语言电影和电视的制作。她在书中说明了好莱坞在世界各地运作时进行的复杂协商，并聚焦于参与协商的产业员工及角色。

她书中的内容部分源自于行业出版物和与电影业相关的公开信息。此外，《好莱坞本土化》使用了广泛的实地调查和对来自六个不同国家众多产业专业人士的访谈。第一手的观察资料和从业者的叙述使布兰农·多诺霍的结论具有实证性，并包含未公开的行业具体细节。书中布兰农·多诺霍对访谈的叙述或援引访谈者的谈话印证了她提出的关于个体在好莱坞全球贸易活动中作用的结论。

当她考察那些让好莱坞在全球实现商业运营本地化的个体时，她把不同地区不同工作室负责人称为"国家经理""董事总经理"(MD)或"制作总监"，并对这些角色作用进行了尤为详细的介绍。在她的

2. 个人和角色

描述中，董事总经理负责监督一个团队，该团队负责在指定地区或市场发布英语媒体内容，制作总监则负责将媒体产品制作为本土语言，或称为本土语言产品 (LLP，local language production)。这些 LLP 是好莱坞产业和文化本土化的重要形式，促使制作总监成为重要的文化中介。布兰农·多诺霍通过对从业人员的广泛调研才能在《好莱坞本土化》中给读者提供一个广阔的商业实践视角。

另一项有关影响全球媒体流动个体的研究是阿斯温·普纳坦贝克 (Aswin Punathambekar) 提供的。他关注的是印度侨民媒体企业家在宝莱坞跨国流通中所发挥的作用，这些企业家促使美国媒体公司提升了对南亚裔美国观众的商业兴趣。这项研究考察了两项宣传力度很大的海外媒体项目——MTV-Desi 和 Saavn.com，前者是以南亚裔美国 (Desi) 青年为受众群体的电视频道，只持续了 18 个月。Saavn.com 是一家总部位于纽约的数字媒体公司，是一家知名的流媒体平台及宝莱坞北美发行公司。普纳坦贝克讲述了印度侨民和侨民媒体专业人士的故事，他们当时的工作一方面深受快速变化的美国媒体影响，另一方面受到实力日增的印度媒体公司的影响，这些公司成功吸引住了大批的海外印度侨民。

根据对南亚美洲媒体和市场营销产业活动的深入采访和观察，普纳坦贝克的研究围绕对两位主角的描述。第一个是努斯拉特·杜拉尼 (Nusrat Durrani)，一位媒体主管，主要负责开发 MTV- 世界项目，他非常清楚与父辈相比，南亚裔美国年轻人对"侨民"与"家园"之间的关系内心更为矛盾。在北印度出生和长大，杜拉尼在印度和迪拜工作了十年，之后移居美国，在 20 世纪 90 年代初加入 MTV。

普纳坦贝克将深度访谈与新闻和行业期刊素材融合在一起，在他的叙述中，杜拉尼是更为广义上的文化转变的代表。鉴于本章节的民族志基调，我们可以看到杜拉尼回顾他的职业生涯，反思一群热衷于"亚洲地下"(Asian Underground) 音乐的印度侨民艺术家对他世界观形成的影响。"亚洲地下"音乐是音乐和文化组合体，主要由来自印度半岛国家的第二代英裔亚洲年轻人发起。普纳坦贝克继而探究了类似杜拉尼的人的行为准则。我们看到杜拉尼努力将 MTV-Desi 定位为一个专门面向侨民的频道，但是 MTV 网络与 DirecTV 达成了分销协议，并将 MTV-Desi 牢牢地定位为一个以印度为中心的节目频道。在一定程度上，这是电视行业专业人士设法应对美国不断变化的分销形式所做出的决定，而另一方面也说明他们没有绝对的把握可以通过卫星电视把像 MTV-Desi 这样的频道带给观众。因此，尽管杜拉尼和 MTV-Desi 的其他工作人员意识到了他们的错误，不应该把 Desi 的年轻人及他们与媒体和流行文化的接触等同于父辈那个时候，但 MTV 的其他人的声明显示，Desi 的定位会持续调整。

普纳坦贝克还讲述了其他一些侨民媒体创业者的故事，他们认同 Desi 的身份和文化。普纳坦贝克的研究将他们与多元文化主义政策以及北美和英国的"印度时尚"(Indochic) 或"亚洲酷"(Asian cool) 的商品化性质联系起来。多元文化主义话语让普纳坦贝克关注到媒体企业家的自身故事以及他们作为或成为南亚裔美国人的感觉是如何与媒体产业逻辑紧密联系在一起的。在美国，这些企业家作为第二代移民青年的生活经历尤为重要，他们深刻理解南亚美洲文化的特殊性，从而他们在创建具有商业可行性的"Desi"媒体业务上具有得天独厚的优势。

学者们所描述的媒体聚合与发行的实践有赖于电影电视产业逻辑

2. 个人和角色

的大幅调整。到20世纪后期，这些逻辑在数字化的影响下发生转变，特别是导致了数字媒体公司的出现(例如 Spotify 和奈飞)。这也为专业人士创造了独特的新角色，包括从软件编程到数据分析等一系列技术技能。例如，推荐系统的开发者号称可以帮助用户"找到"亚马逊或奈飞上的音乐、电影和其他内容，他们已经成为各种数字公司的关键人物。研究推荐系统开发者为"吸引人们"所做的工作，可以揭示当代媒体流通的主要基础设施。尼克·西维尔(Nick Seaver，2018)在他对软件开发人员和流媒体音乐公司"首席科学家"等角色的民族志研究中说："一个微小而不引人注意的行为，比如选择看一部电影或更换广播电台，都是一个浩大而复杂的科技产业工程的拟解决的目标，并且这个工程的规模和范围只会持续增长。"(2)

西维尔进行了一项为期五年(2011年至2016年)的实地调查，调研伴随美国算法音乐推荐系统发展而出现的对各种岗位职责的解读。西维尔查阅了一系列的网站，包括公司办公室、大学实验室和学术会议，跟踪了解研究项目中被调研者本人对"推荐"的理解如何随着快速发展的产业需求而变化。随着关于用户基础评级措施和新的数据基础设施的实施，软件开发人员开始认为他们的工作是设计一种"捕获"并保持用户和用户兴趣的推荐系统。在理论化丰富的章节中，西维尔利用关于动物陷阱的人类学理论，来介绍"捕获"的基础设施，其中穿插叙述了随着时间的推移，随着算法系统变得复杂，被调研者作为开发人员的角色是如何演变的(例如，从"程序员"到"管理者")。

通过这些案例，我们可以看到个体工作者和专业人士的角色如何服务于媒体的流通——媒体产业的一项重要功能。此外，这些案例表明，"流通"必然包含移动的空间逻辑和规模，如媒体产品从一个地方移动到另一个地方，以及从本地到全球。这个研究表明，特定的人在特定的专业岗位上以具体的方式来表现这些逻辑。此外，通过本文研究的案例，我们可以认识到与媒体文本和产品相关的意义和联想不仅在生产现场产生，而且也会在传播过程中产生。从理论层面，无论媒体专业人员是否可以称为"中介"，研究都强调了重要的媒体专业人员在世界范围内移动媒体的能力，并在这个过程中，使媒体具有特定的文化价值和意义。

建立产业联系：人才经纪人和代理

当代的电影和电视产业可以用"后福特主义"(post-Fordist)来形容。电影和电视产业虽然由少数控制发行和播放的大公司主导，但是它们也会和许多较小的、分包的专业公司产生联系，如独立制片公司、计算机绘图和特效公司、道具租赁公司等等。因为几乎所有的电影和电视制作都是以"项目"为基础的，所以必须付出很大的努力来协调这些项目的人才，比如演员、编剧和导演。人才经纪人就是一个关键角色，起到桥梁作用。

在好莱坞所有的部门中，人才经纪人这一角色极其晦涩难懂。有两项研究打破了这一困境，对人才经纪人在好莱坞发挥的关键作用进行了全面的解读，即汤姆·肯珀(Tom Kemper)的《隐藏的人才》(*Hidden Talent*, 2009) 和维奥莱娜·鲁塞尔 (Violaine Roussel) 的《代表人才》(*Representing Talent*, 2017)。不过这两部著作在研究方法、选用的材料和分析方法上有很大的不同，倒是从另一方面证明了可以用多种方式来论证特定的产业角色和个体。从研究角度看，肯珀的研究是从历史出发的，而鲁塞尔的研究关注的是现当代（从2010年到2015年）。至于研究方法，肯珀的研究是基于产业内的市场调研报告，而鲁塞尔的工作则基于对行业专业人士的访谈和对工作活动的观察。另外，肯珀的研究属于"电影新历史"的范畴，而鲁塞尔的则属于社会学范畴。尽管存在差异，这两部书对人才经纪人的见解确有着惊人的相似度。

《隐藏的人才》详细描述了20世纪20年代末好莱坞人才经纪人的兴起，并讲述了他们在整个20世纪50年代在制片公司体系中发挥的不可或缺的作用。受"经济社会学"的影响，该书利用了行业杂志以及各种档案中保存的经纪人的个人和商业文件。通过访问内部文件，肯珀可以详细了解特定经纪人的个人经历和职业经历，包括当时两名最大的经纪人，迈伦·塞尔兹尼克 (Myron Selznick) 和查尔斯·费尔德曼 (Charles Feldman)。通过这些案例，肯珀概括了好莱坞的产业细分经纪人以及他们共同的工作职责和业务，如协商合同、拓展个人和专业人际网络。肯珀展示了"个性"与经纪人工作的紧密交织关系，毕竟经纪人是"现代营销个性即推销自己的最好例证"(73)。《隐藏的人才》有很多特定人物的故事，其中穿插着大量具体商业交易细节，以及对好莱坞经纪人公司组织结构的观察，展示了不同的人员如何构建了好莱坞人才经纪人这一产业角色。

《代表人才》全面地讲述了当代人才经纪人的工作，理论上讲，这是不同于肯珀的地方。在洛杉矶，鲁塞尔花了五年时间采访了一百多名经纪人，甚至追踪了其中一些经纪人的日常工作。作为一个法国社会科学家，她可以以"局外人"姿态近距离地接触这个原本比较谨慎戒备的群体。她的访谈材料贯穿了她的分析，以此来论证她的各个观点，不过援引的访谈者都是匿名的。作为一部社会学著作，该书更多地着重于对人才经纪人的社会角色、人际关系和职业网络的概括性描述，而不是仅局限于对具体案例的叙述。

鲁塞尔指出了关于"代理"的特征，其中很多与肯珀不谋而合，比如经纪人个性的作用，通过"专业性和亲密性之间的矛盾"(103)来维持与人才"关系"的必要性，以及大小经纪人公司之间的差异。鲁塞尔展示了经纪人在公司从底层往上是如何进行专业化训练的，并用了几个章节的篇幅深入探讨了他们与客户之间进行的"关系工作"。"关系工作"通常在纷繁复杂的社交和专业活动中进行，涉及信任、金钱、品味和创造力。鲁塞尔称人才经纪人构建了"评价群体"，以此打破把好莱坞划分为"创意"和"商业"劳动的观念。她认为经纪人"集体性地参与质量评价并评估人员与项目的价值"，而要理解这个观点，就必须认识到"价值创造的经济维度和象征维度"是相互交织的 (27)。

与肯珀的史实性研究不同，《代表人才》没有提供细节或财务数据，但它阐明了人才经纪人在电影产业中的经济、社会和创意功能。事实上，尽管这两个学者的调研材料、方法和时间框架存在差异，但他们的研究都阐释了人才经纪人和经纪人公司的许多工作。如前所述，这需要在美国电影产业的多个方面建立起重要的桥梁，将创意工作者与制作发行电影的制片人和发行商联系起来。在肯珀的案例中，他展示了在经典的好莱坞体系中，人才经纪人这一重要的位置是如何发展起来的。而鲁塞尔同样展示了人才经纪人和制作专业人士在使用和控制人才的过程中是如何"被绑在对立位置上"的 (36)。这些关于人才经纪人的研究都表明，个人职业角色不仅在一个产业中发挥重要作用，更重要的是，某些人才有助于将不同职位的多个员工联系起来，形成更大的产业网络。

结　语

虽然关于个体和专业角色的研究在20世纪的传媒学术中可能不太常见，但本章列举了许多案例，探讨了以这种方式开展产业研究的好处。如果本章讨论的案例看起来范围很广，这可能是因为传媒是由许多不同的人员和专业角色组成，所有这些角色都发挥着重要的、往往是高度专业化的功能。换句话说，这类研究反映了不同种类产业工作人员和角色的广度。令人遗憾的是，这种类型的研究受限于研究人员的兴趣和想象力，他们无法发现其他影响媒体制作、流通、销售等方式的人员和角色。其他研究可能会考察某些被忽视的特定人士的成就，或者那些例子可以拓宽或改变我们对传媒产业的理解。这种可能性很大，因为不同媒体企业组织内部的变化会改变员工的工作方式，创造全新的专业职位和角色。

本章节讨论的案例同样也表明了研究媒体专业人员及其作用时可以使用的研究方法和调研材料，比如访谈、参与者观察、对不同档案材料的话语分析。确定一个媒体专业人士或产业角色只是研究的开始，接下来必须确定如何研究这个人或角色，这也就意味要考虑一系列方法论的问题，这些问题势必会影响结果分析，正如本章讨论的案例一样。

本章节的案例均尝试以不同的方式探讨如何通过对媒体工作者或专业角色的认知，去获得对整个产业的新理解，以及如何通过研究让我们了解传媒产业的状况。因此，对传媒中的个体和角色的产业研究往往有双重目的：首先，提供一个明确、详细的个人或角色画像，其次，展示这些人物如何阐述传媒的特征或面临的问题。潜在的研究问题往往能为现有知识对话提供重要的灵感来源，而现有知识对话的范围又比所研究的特定产业更广，因此寻找不同产业中相似角色的共同点可以为传媒产业研究提供新的视角。

本章节讨论的角色各种各样，而更值得关注的是围绕这些角色所能研究的问题广度。仍有许多角色是学者们所忽视的。肯珀和鲁塞尔关于经纪人的著作和雷蒙德·波伊勒 (Raymond Boyle, 2018) 关于人才产业的著作弥补了一个长期存在的重大缺失，即研究经纪人在电影和电视的制作决策中所扮演的角色，以及他们为什么采取这样的形式。

此外，我们在本章的开头提到当代媒体大亨对我们理解媒体的广泛影响。不过，尽管媒体大亨在世界各地新闻和行业杂志中占据着显著位置，最近的研究显示我们还需要了解更多关于这方面的信息。例如，在《阿拉伯媒体大亨》(*Arab Media Moguls*, 2015) 中，多纳泰拉·德拉·拉塔 (Donatella Della Rata)、奈奥密·萨尔 (Naomi Sakr) 和雅各布·斯科夫加德－彼得森 (Jakob Skovgaard-Petersen) 指出，"媒体大亨"是一个多产的分析术语，促进传媒产业研究的发展。《阿拉伯媒体大亨》调查了过去20年来阿拉伯媒体地区的变化，研究了"政治作者主义、石油经济、宗教复兴主义和政治动荡"(6) 如何造就了媒体大亨。该书对当代媒体产业的运作进行了广泛的探讨——"家族在企业中的角色和继承问题……所承担的风险、雇用和解雇策略、获得资金和债务的途径……每个大亨与政治权力核心圈的关系、媒体垄断放松释放的机会、媒体在大亨商业帝国中的地位，以及建立帝国的媒体的性质"(2015：6)。简言之，对特定个体的调查可以向外揭示一系列复杂的政治经济、社会和文化动态，这些动态塑造了世界各个地区的媒体产业。

对于确实要做历时性分析的角色，需要问很多问题。第一步通常是确定特定的角色或人员作为研究兴趣，然后需要缩小研究范围，拟定一个关于角色的特定研究问题。这个研究问题通常能帮助研究者明确是否参与该学术讨论。尽管大部分讨论可能是已有的关于该角色的研究，但思考如何通过类似的问题去指导对不同角色，甚至是不同产业的研究也是很重要的。

关于媒体工作者的研究，学者们还提出了一个值得关注的问题。这个问题并不是关于不同的人员和群体如何履行职责，服务于产业，而是关于他们如何通过独特的赋义行为将自己打造为文化领域。"生产文化"便是下一章节的主题。

3. 生产文化

一些传媒学者将媒体工作者和他们的从业环境作为"生产文化"来研究，以探索构成其自身重要文化领域的媒体工作社区。这类研究的涉及面很广。与媒体产业的其他研究方向一样，生产文化研究的动机是源于这样一个概念，即媒体的制作方式会影响媒体的内容，但生产文化研究特别关注塑造媒体的人的准则和价值。这类研究考察了媒体工作者如何形成群体，并分析这些群体的信仰、价值观、业务重心、工作惯例与规矩。事实上，就生产文化而言，媒体制作可能显得并不很相关，因而这类研究的特点是详尽且置于媒体制作环境背景下进行。

传媒产业研究中把生产文化作为一个单独的类别开展的研究为数不多，但我们认为，鉴于生产文化研究是从人类学视角探讨媒体工作者的意义构建活动，就从这点来说便有必要将其与其他关注媒体工作者和专业角色的研究区分开来。上一章节讨论的是个体和角色在媒体组织中的服务或功能，而生产文化不关注这方面的问题，它的研究兴趣点是定义产业工作者的文化价值与逻辑。这一细微而又关键的差异可以通过列举两类研究的预设问题加以说明。在上一章节的讨论中，研究者提出以下问题："制作人在当代电视制作中扮演什么角色？他们的工作需要什么，他们有什么权力，他们利用什么资源来完成任务？他们面临的挑战是什么？与其他参与电视制作和发行的专业人员相比，制作人处于什么位置？"而在生产文化研究中，学者可能会问的问题是"制作人如何看待他们的工作？作为电视工作者他们如何定义自己？他们的工作动力是什么？他们日常工作遵循的文化价值观是什么，他们又是如何身体力行践行这些价值观？他们会讲述怎样的职业故事，以及这些故事传达的潜在价值是什么？电视产业中，由制作人构成的独特群体的主要目的和规矩是什么？"

这项研究工作越来越被认同，并被称为生产文化或生产研究。本书使用生产文化一词，因为这个表述清晰地体现了它的学术特征，即对特定媒体工作者群体的实践文化的分析。目前有关生产文化的研究已经有了明显的上升趋势，比较突出的著作包括约翰·桑顿·考德威尔 (John Thornton Caldwell) 的《生产文化》(*Production Culture*，2008) 和两本编辑的文集，《生产研究》(*Production Studies*)(Mayer, Banks & Caldwell, 2009) 和《生产研究：续集！》(*Production Studies: The Sequel!*) (Banks, Conor & Mayer, 2015) 以及由卷首编辑考德威尔 (Caldwell)、维姬·梅耶尔 (Vicki Mayer)、米兰达·班克斯 (Miranda Banks) 和布里奇特·科纳 (Bridget Conor) 单独撰写的文章。在《生产研究》文集的引言中，编辑们将生产研究确定为一个从"文化研究中汲取知识动力"的跨学科研究，并坚持用文化研究分析"权力关系"(2)。与许多其他针对媒体工作者的研究一样，生产文化涉及权力、社会认同和广义上的文化问题。这种对权力和文化的关注包括讨论工作和专业经历的性别化，或是探讨媒体工作者如何表现对技术变革或经济约束的焦虑。

然而，真正让生产文化研究独树一帜的是对它高度关注能够让一系列不同行业的工作者因相互关联而组织起来的权力和机构的常规运

3. 生产文化

作。正如《生产研究》的编辑所写的那样，生产文化的工作主要是检验"媒体生产者如何构建文化，并在这个过程中，如何使自己转变为现代媒介社会的特定工作者"，而检验这一点需要特别观察这些工作者如何"构建共享实践、共享语言和共享全球文化理解的社区"(2)。书中编辑们指出生产文化不仅关注媒体工作者们的文化规范，还关注他们的工作实践。对有些人来说，将工作和用工条件理论化比分析用工条件对媒体的影响更重要。

从方法论的角度来看，生产文化研究和前面的章节关于产业角色或个体的研究之间可能重叠较多，有些著作在进行其他方面的解释分析时，其实基本也是在讲生产文化。然而，生产文化研究有其与众不同的地方，我们还是认为有必要尝试梳理出来。

此外，虽然这种方法一般被称为"生产文化"或"生产研究"，但我们并不把它理解为只涉及与制作媒体相关的工作。"生产文化"中的"生产"是一个包含更广泛的媒体工作者的能指，而不仅仅是指那些制作电影、电视节目、电子游戏等的人。因此，更确切地说，生产文化的一部分其实是流通文化。

本章节的开始列举了人类学家对不同电影产业部门的众多研究。文化人类学家采用的方法对于生产文化研究的发展尤为重要。接下来，我们转向对生产文化出版物的探讨，思考它们提供的方法论指导，之后再评述涉及广泛的视听生产文化研究。虽然关于流通的"生产文化"研究并不常见，但它们确实存在，而且有助于我们对媒体流通的理解。本章最后简要提及一些可能被认为是视听产业之外的生产文化研究，旨在说明这种主要针对电影电视的研究方法应用很广。

人类学家和电影院制作世界

生产文化致力于理解媒体工作者如何在从事产业活动的同时从事文化实践，相较于其他传媒产业研究，这一研究领域更加受到人类学研究的影响。从方法论上看，生产文化工作一般采用访谈和局部观察。事实上，人类学家已经取得了一些重要的生产文化学术成果。如第一章节所述，鲍德梅克(Powdermaker)在她的著作《好莱坞，梦工厂：人类学家看电影制作人》(1950)中提供了最早也是最重要的生产文化研究之一。在研究媒体专业人士之前，鲍德梅克曾研究过现在的巴布亚新几内亚和美国南部的社区。1946—1947年间，她在洛杉矶呆了一年多，采访了大约900名在电影产业工作的人。访谈为半定向，在职业场所、私人住宅、餐馆和类似的公共场所进行。鲍德梅克把她的研究集中在"线上"工作者，包括高管、制片人、导演、演员和作家，与奥特纳(Ortner)和考德威尔(Caldwell)不同(详见下文)，她发现这一级别的工作者在工作中平易近人，乐于助人。她断言："所有的人都喜欢谈论自己，并因自己的观点被认真对待而感到受宠若惊。"她更尖锐地指出："(好莱坞工作人员)的沮丧程度很高，沮丧的人喜欢交谈。"(6)然而鲍德梅克只能在采访结束后才能写下笔记，因为她发现当她在谈话中做笔记时，她的采访对象不太健谈。

鲍德梅克的大部分研究都是围绕着特定的职业角色展开的，其中有专门针对高管、制片人、作家、演员等的章节，这本书最后有一些章节阐述了更广泛的观点，涉及好莱坞的社会组织、好莱坞文化本质特征和信仰，以及这种文化对电影制作类型的影响。事实上，鲍德梅克的最终目标是就电影对美国文化的社会影响提出主张，她关注的是

3. 生产文化

好莱坞文化如何影响美国国家文化。

从这点上来看,鲍德梅克的态度是高度批判甚至轻蔑的。她的语气听起来很像马克斯·霍克海默(Max Horkheimer)和西奥多·阿多诺(Theodor Adorno),他们在鲍德梅克在洛杉矶工作时开始批判文化产业。鲍德梅克总结道:"好莱坞代表极权主义"(327),在她的评价中,好莱坞体现了诸如"人是财产和被操纵的对象的概念,为了权力而高度集中和个性化的权力,一种非道德,一种断裂的氛围,持续的焦虑和危机"(332)这样的极权主义特征。

尽管《好莱坞,梦工厂》呈现的是电影制作界的"幕后"画面,但人们可以清楚地感觉到,这个世界正被慢性功能障碍所撕裂。正如鲍德梅克所说的,好莱坞充斥着以牺牲艺术技巧和艺术创造力为代价的金钱崇拜论,充斥着底层工作者长期的焦虑感和不安全感,充斥着顶层工作者的傲慢和错误判断,以及导致各层级的工作者将"自己和他人的成功归功于机会和不可控力"的一种"神奇思维"(284)。对于如此彻底、负面的评价,当代传媒产业研究学者仍然从多个层面赞赏鲍德梅克的学术工作,比如她研究的规模和持续时间,她对特定的职业角色,甚至个别工作者的细致入微的关注(她对所有这些人都使用了讽刺性的绰号,比如称编剧为"愤世嫉俗的先生"或称导演为"适应良好的先生"),以及她全面思考了工作者的实践和信仰对文本形式和社会的影响。尽管如此,相较于鲍德梅克的研究,学者们从更微妙的意识形态、结构、机构和自我调节的模型中受益更多。

虽然鲍德梅克对好莱坞工作者的评价是平易近人且健谈,但是60多年后当奥特纳试图进入好莱坞对电影专业人员进行类似的人类学研究时,她却遇到了明显的阻力(Ortner, 2009:178; Ortner, 2013:2—3)。

相比之下，奥特纳发现"独立"电影的圈子更容易进入，因此她所著的《非好莱坞》(*Not Hollywood*) 以独立电影为切入点进行生产文化研究。奥特纳研究的工作者群体与鲍德梅克不同，除此之外，奥特纳研究的独特之处还在于她采用了反射性研究方法，且她考察的范围除了她的访谈对象和观察对象外，还包含一系列其他材料。

在编辑《生产研究》合集时，奥特纳声称，研究独立电影生产文化需要"横向研究"，因为从事独立电影工作的人在"知识阶层"中享有学者的社会地位 (2009：183)。奥特纳认为这就迫使研究者反思"我们和我们的信息提供者之间的共谋"以及"我们自己的精英地位"(184)。必须承认学术界也有等级制度——并非所有研究人员都是"精英"，涉及研究场所和研究对象的学者定位问题需要研究者依靠极强的反思来解决。

在《非好莱坞》中，奥特纳将她的方法定义为"交互民族志"(interface ethnography)，这个方法的实施需要观察一个相对保守的群体，在这个案例中为独立电影领域的媒体工作者，与公众如何相互交流 (2013：26)。因此，除了个人访谈，奥特纳的书中还借鉴了她对"问答环节、公开访谈和小组讨论"的观察 (27)。奥特纳还用了几个章节的篇幅研究电影文本的内容和风格。受到克利福德·格尔茨 (Clifford Geertz) 的启发，奥特纳在这些分析中采用了人类学研究方法 (约翰·桑顿·考德威尔也是如此，详情见下文)，将这些电影视为独立生产文化的公开表现。在"格尔茨式框架"中，研究人员可以将众多材料视为"文本"，包括采访、观察、群体文化事件和产品，并分析揭示一个群体"对他们的工作和他们所处世界的独特思考方式"(2013：27)。

3. 生产文化

奥特纳认为，独立电影制作圈子是"一个行业'文化批判'领地"，他们制作相对更加寓意深刻、目的性强的创新性批判电影，以反对好莱坞，彰显自我(10)。她强调了这个群体所崇尚并用以区别于他人的价值观和信仰，包括"激情"和急躁；她通过对黑暗系道德伦理电影的文本扩展分析来论证她的最后一点主张。奥特纳还讲述了制作独立电影所涉及的一些工作实践，她详细描述了独立制片人如何用话语和产业的方式增强电影的批判性和文化"价值"。

作为生产文化研究领域的知名著作，《非好莱坞》不仅因其阐释了独立电影生产文化的实践和信仰，为人类学分析展示了不同材料的相关性，更是因为奥特纳，与之前的鲍德梅克一样，致力于将独立电影与更大的社会力量联系起来，将电影制作置于更广阔的政治经济环境中。具体而言，奥特纳认为，独立电影是对20世纪70年代以来新自由主义的社会和经济政策影响的一种独特表现和反应。鲍德梅克和奥特纳均试图通过他们使用的过程，赋予大规模的、结构性的论点更具批判政治经济学的典型性，以进行更为本土化和人类学的研究与分析。就这点而言，鲍德梅克和奥特纳均试图用更为本土化的研究和人类学分析途径，使数量众多的支撑论据更具批判政治经济学的特征。

如果我们单纯侧重去观察电影制作实践的方法论，而不是只把视野局限在美国，针对传媒生产文化的人类学研究可能更具意义。特贾斯维尼·甘蒂(Tejaswini Ganti，2012)从人种学视角对孟买印地语电影产业的生产文化开展研究，她的这一研究在全球媒体传播研究领域较为突出，因其对电影产业中不同群体的日常工作和生活进行了详尽而理论化的描述。甘蒂的文章提及了生产文化研究如何把特定产业的日常工作文化与产业的广泛关注联系起来。

在文中一个章节，甘蒂描绘了电影片场典型的一天。根据她在孟买多年对电影拍摄的观察，她说电影片场就像一个"混合物"。甘蒂描述了电影拍摄中的反反复复，为拍摄一个简单镜头的冗长等待，以及日常工作中的无聊，她的叙述让读者对电影制作的过程仿佛身临其境。片场导演和助理导演、制片人和他们给落魄导演当学徒的儿子们、编剧、踌躇满志的演员等人员之间的日常与对话让人们一窥整个"电影产业的结构、组织和社会关系"。随着甘蒂的分析研究的深入，她还通过访谈电影制作和发行部门的专业人士以及查阅行业杂志，完善她对电影场景的观察，以更全面地反映印地语电影产业的生产文化，并将其理论化。根据这些方方面面的证据，她指出片场"人们对面对面交流的偏好，业内从业人员的亲属关系的重要性，片场的会客作用，口头汇报为主的工作方式，以及明显的等级制度"(156)。

甘蒂的研究方法有助于她建立起关于媒体部门内部权力角色和权力运作的观点。她的这种民族志研究揭示了以家族企业和现有社会关系网络为特征的媒体制作领域的混杂性。她指出了这些家族企业如何重新转换身份，一方面满足资本再次投入的需求，另一方面迎合那些想要进入宝莱坞但却发现自己处处受到孟买电影产业企业逻辑限制的媒体公司。甘蒂阐释了印度电影产业不同职场、角色和操作（如角色分配、发行商掌握的权力、作为行业敲门砖的社会关系）的"中产阶级化"，使我们不再把印度媒体变革简单地理解为只是以国家为中心的，或只是借助了跨国媒体公司强大的影响力。

甘蒂借助人类学方法进行的生产文化研究给我们提供了丰富的材料，这些材料可以帮助解释地域差异、跨国资本投资与地域差异的重合关系，而更为关键的是，这些材料可以帮助了解政治经济、文化和技术变革如何迫使产业在每个层次(包括日常工作文化)进行重新调整。甘蒂的研究展示了印地语电影产业中从事不同职业的人如何理解这种结构性和全产业性变革,以及他们如何表述他们被迫面对这种变革时各自不同的反应。20世纪90年代,随着经济改革导致印度媒体和通信产业的重大转变,这种结构性和全面性的变革便已开始。

虽然鲍德梅克、奥特纳和甘蒂的研究是在不同的历史时期和世界不同的地方进行的,但他们的研究显示在评估决定不同电影制作群体的价值观和信仰形成因素时,他们的关注点是一致的。在这些案例中,我们看到人类学的文化研究方法如何为传媒提供新的、有趣的见解,特别是通过探索媒体工作者的信仰如何在更大的产业结构、社会关系网络和文化力量中得到体现、传播和联系。尽管许多传媒研究者可能从来没有接受过人类学方面的专门学习,但像鲍德梅克、奥特纳和甘蒂的研究证实了人类学研究方法和分析框架的效用性。

视听媒体制作的文化研究

电影、电视或媒体研究领域的专业学者提出了几个值得注意的案例,在这些案例中他们从文化角度出发,采用稳健而缜密的方法研究产业工作者。正如我们在第一章中指出的,斯图尔特·霍尔的编码/解码理论模型为研究媒体生产作为意义制造的"决定性时刻"提供了可能性,然而多年来,基于文化研究范式的学者们更一致地关注受众与媒体接收的复杂性。尽管"生产"一词仍然是阐述霍尔的概念构想并使之复杂化的各种理论模型中的一个一贯要素,但一直到20世纪90年代末,文化研究或媒体研究的学者鲜少深入研究这一领域。这种情况在过去20年里发生了巨大的变化,尤其是自20世纪末"传媒产业研究"兴盛汇集,并向之前主要由人类学家和社会学家主导的研究领域进军以来,变化更大。

2001年,媒体学者埃琳娜·莱文(Elena Levine)发表了一篇文章,从文化研究的角度审视了传媒的世界。通过对一具体案例的分析,莱文提出了研究分析媒体生产作为一种文化实践的一般方法,特别是借鉴了理查德·约翰逊(Richard Johnson)的文化循环理论模型(67)。莱文通过对肥皂剧《综合医院》(General Hospital)的工作人员的访谈和为期两周的深入观察,考察了该剧的生产过程。与奥特纳不同的是,莱文发现对于她来讲,接触这个节目很容易,她在案例中也承认自己是《综合医院》的"粉丝",对该剧有着较深的主观感情。这种与节目的亲近关系使莱文能够基于她对节目内容和风格的理解去诠释制作场景。

在对这一电视节目的分析中,莱文研究了塑造节目工作世界的五个因素以及由此产生的形式和内容,并以此构建一个结构框架。首先,她考虑到"制作限制",包括该肥皂剧制作公司的所有权、节目预算,以及它在肥皂剧中的历史地位。其次,莱文认为"制作环境"是一个重要的因素,它包含了制作一个剧的实际需求。在这一案例中,《综合医院》需要迅速和连续地工作才能保证其每周5天播出。莱文还指出了不同工作岗位的重要性,并提到了它们之间的性别分工。第三,莱文讨论了"制作日常工作",包括观察工作者如何在繁忙而又充满突发事件的工作日程中创造连贯的文本意义和连续的叙述。第四,她谈到了"角色和故事的创造",也就是编剧、演员和其他人为表现角色情感和故事的逻辑性付出的努力。第五,莱文探讨了"制作观众",

即制作人员与观众互动的方式,实际上他们自己就是观众。因此,莱文的研究帮助我们了解《综合医院》的制作,但从更广义的角度看,她的研究让我们深入理解影响媒体制作界的因素和电视节目制作中"意义制造"的复杂性。

约翰·桑顿·考德威尔 (John Thornton Caldwell) 从事生产文化研究多年,并形成了复杂的理论框架和方法论工具。事实上,正是理论和方法的特殊性使考德威尔的研究有别于其他生产研究。此外,考德威尔的特殊之处还在于他接受过电影制片人的培训,并制作了几部电影。在他的专著《生产文化》及其前后发表的文章中,考德威尔阐述了一种研究媒体生产世界的独特方法,他称之为"媒体生产的文化研究"(2006) 或"电影/电视生产的文化研究"(2009)。正如他在专著中所述,他"探索了洛杉矶电影/视频制作工作者的文化实践和信仰体系"(1)。更具体地说,与鲍德梅克不同,考德威尔关注的是线下 (below the line) 的媒体工作者的生产文化。受克利福德－格尔茨的人类学研究的影响,考德威尔希望了解产业生产群体如何反思性地进行自我概念化、自我理论化和自我评价;他感兴趣的不是对这个生产群体进行批评理论或文化理论方面的研究以期理解它。考德威尔将媒体工作者的自我概念化、自我理论化和自我评价称为"关键的产业实践"(2006:110;2008:5)。尽管考德威尔在他早期的著作《电视视觉性》(*Televisuality*) 中已经阐述了这些观点,但在后来的著作中依旧可以看出他对这方面更深入的研究。

在他努力理解生产群体是如何参与意义创造活动的过程中,考德威尔采用了一种不同寻常的宽广思路进行材料研究。他这样说道:

> 我采用的是综合的方法。我研究了来自四个语域或分析模式的数据：行业和工作人员作品的文本分析，影视工作者访谈，生产空间与专业人员聚集的民族志田野观察，以及经济/工业分析。我试图尽可能地通过将一个语域的话语和结果置于与其他语域对话的临界张力中来"控制"这些个体的研究模式。(2008：4)

就这样，考德威尔收集了一个巨大的信息"档案库"，他分析了这些信息的一致性和矛盾性。通过对这些数据的解读，他揭示了洛杉矶的视听制作文化是如何在无数的实践和作品中创造、维持和诠释自己的。

考德威尔的专著研究了许多或许会让人惊讶的"文本"。他首先分析了媒体工作者讲述他们自己和他们工作的故事，并找到这些故事与劳动者阶层之间的对应关系。通过这个方式考德威尔表明，媒体工作者所讲的关于自己的故事在意识形态上与他们在制作的电影和电视节目中讲述的故事一样重要。他还研究了媒体工作者在不同场合中制作和行为的许多方式，这些场合包括公司总部，日常工作场合，如游说活动和行业展会，以及个人着装。更特别的是，考德威尔将生产技术和工具及其表征解读为"文本"，它们在影响工作常规的同时也为媒体工作者传达文化意义。无论是着眼于电视编剧之间的工作和沟通过程，还是媒体集团的品牌推广工作，抑或是在DVD上"制作"的专题节目，考德威尔的《生产文化》展示了许多电影和电视工作者如何理解他们自己、他们的工作和他们的世界的方法。虽然许多媒体专业人士会像学者们那样放弃"理论"，但考德威尔展示了这些人是如何参与到他们自己复杂的理论中去的。

考德威尔对其研究的阐述和解释系统而又条理清楚,这使他的研究在视听媒体生产文化的研究中特别有影响力。维姬·梅耶尔(Vicki Mayer)则从另一个角度为生产文化领域的研究做出了重要贡献,即她研究方法的广度。梅耶尔的专著《线下:新电视经济下的制片人和生产研究》(*Below the Line: Producers and Production Studies in the New Television Economy*,2011年出版)不仅给两个编选合集提供了主题,还为生产研究开辟了新的、具有争议性的领域,并对媒体生产和媒体研究本身提出了富有启发性的批判。在书中,梅耶尔考察了四个不同媒体制作场所的工作文化:巴西玛瑙斯的电视组装工作者、软性色情摄影师、电视真人秀节目选角经纪人,还有自愿帮助不同地区制定有线电视法规的公民。在选择这些场所和群体的过程中,梅耶尔想通过展示诸如"创造力"和"专业主义"等价值如何在产业领域之外运作,从而颠覆媒体研究,尤其是电视研究的假设。

关于软性色情媒体制作者的章节,梅耶尔深入探讨了他们如何定义"专业"媒体生产者,鉴于他们与美国主流电视产业的边缘关系,"专业"媒体生产者对他们而言自带压力属性。与此同时,梅耶尔一直在分析性别和权力如何影响这些工作者的实践和价值观,这也好理解,因为这个特殊的群体被定义为极度男性化。另外,梅耶尔在巴西电视组装工人的章节关注的是以女性为主的劳动力价值观。通过展示电视工厂的工人们如何发挥关键的创造力,梅耶尔颠覆了电视产业的"创造力"只属于制作出著名电视节目的杰出人物的观点。例如,她关注了工厂工人如何创新他们在流水线上的操作,从而使他们在获得更多休息的同时提高效率,让他们能够持续从事这个原本极为单调的工作。

在这些分析中，梅耶尔展示了媒体工作人员如何以有意义的方式定义自己和他们的优先工作，同时又服务于雇主的利润动机。

事实上，《线下》中将工作者群体的实践和信仰与大规模的政治经济条件，或者与梅耶尔所说的"新电视经济"联系起来。自始至终，梅耶尔都坚持马克思主义的劳动价值论，并将她的研究定位为对产生工作条件的社会结构的批判。尽管梅耶尔详细分析的是不同生产文化的信仰和价值观，但由于她的研究关注人类从事产业活动的具体经验，在很多情况下仍可以被理解为"批判政治经济学"。此外，梅耶尔对电视机工厂工人的分析看似与媒体研究关联性不强，但她将这些分析与电视媒体研究中常见的更高层面的理论问题联系起来。

梅耶尔与莱文、考德威尔等人从媒体研究的角度提供了一个进行生产文化研究的模型。无论是分析场所和对象还是解释的方法，这些学者都为媒体生产文化研究开辟了重要的领域。这些著作清楚地表明，媒体生产领域构成了一个丰富而复杂的文化场域，文化研究和媒体研究的方法和理论可以帮助我们理解这些领域的丰富性和复杂性。

流通文化

我们在本章节开始时指出我们并不认为生产文化是一种只关注媒体生产而不关注其流通的研究。尽管如此，更多的研究还是围绕着媒体制作的文化，而不是它的流通。基于考察个人、组织和产业而进行的流通实践研究与被视为"流通文化"的研究，这两者之间有着细微的区别。其他章节中引用的许多研究，如第二章中赫伯特和布兰农·多诺霍探讨的那些研究，分别探讨了音像店店员的工作文化及其信仰和价值观，或者区域国家经理和其他分销人员如何描述自己和他们的工作。但可以确定的是，在一定程度上他们的研究并没有把他们的工作牢牢地置于这种"文化"区分之中。

媒体流通工作者的日常工作比生产工作要更为分散，因此很难确定观察文化的切入点。正如蒂莫西·哈文斯 (Timothy Havens，2006) 对电视分销展的研究发现，许多流通工作可能是维护不同部门的分销商和零售商或参展商之间的关系。这种工作可以通过旅行、一对一的会议和信息传递进行，这也就意味着可能更难通过观察方法去研究生产文化。尽管如此，仍有学者努力构建了明确识别流通文化特征的研究。在《信号与噪音：尼日利亚的媒体基础设施与城市文化》(*Signal and Noise: Media Infrastructure, and Urban Culture in Nigeria*，2008) 一书中，人类学家布莱恩·拉金 (Brian Larkin) 研究了尼日利亚北部媒体技术的文化逻辑，以及它们创造城市生活的特色。拉金的研究范围很广，但他对围绕盗版视频制作和交易发展起来的文化的探索，为研究流通文化提供了思路。

鉴于获取企业流通实践的难度，拉金将流通研究置于一个相对不具备西方高度企业化的媒体环境特征的黑市并不令人惊讶。尽管如此，拉金首先还是指出在他研究之前，引领尼日利亚视频发行的黑市基本上已经正规化了。主流之外的流通文化也可为学者提供更多的研究切入点——不管是独立书店、通讯社还是独立音乐分销商等，如大卫·赫斯蒙德尔（1997）探讨并在下一章讨论的"粗野贸易"（Rough Trade）案例。拉金的研究主要是围绕卡诺 (Kano) 及科法尔·万比亚 (Kofar Wambia) 市场，该市场是印度和好莱坞电影非正式发行网络的中心点。拉金探索了豪萨 (Hausa) 国产电影市场在他的研究期间是如何过渡到授权贸易的。他指出，卡诺是"尼日利亚北部地区的电子媒体区域分销中心"，由于黑市交易的惯例，该地区延伸至乍得(Chad)、喀麦隆(Cameroon)、贝宁(Benin)、加纳(Ghana)和苏丹(Sudan)部分地区(223)。市场上的经销商把磁带卖给分销商，分销商再供应给较小的城市和农村经销商。

拉金更多地关注流通基础设施如何影响该地区的媒体文化，例如，黑市的录像带交易让尼日利亚观众可以第一时间观看在纽约或孟买上映的电影，而不再只是影院放映的那些老旧影片。从他的研究叙述中，我们可以看到这些交易体系是如何由非正式经济建立起来的，以及印度电影的市场路线是如何转变为通过制作高质量配音的官方渠道进行流通的。所有的这些论述都是基于对这些流通网络中曾经的分销商社区的密切研究。换句话说，尽管拉金的研究在该类研究中不是特别具有代表性，但是他的研究实践确实反映了传媒研究人员的工作。

拉金的阐述聚焦尼日利亚国产豪萨电影是如何从非正式的发行网络，以及从制片人和发行商之间的财务关系中获利，这个关系的特点表现为双方对风险的防控意识和双方的控制欲。拉金还将流通文化的条件与豪萨电影的文本特征联系起来，他认为："所有尼日利亚电影(无论是英语、豪萨语还是约鲁巴语)的盗版源于这一事实，即尼日利亚视频电影的质量和外观是由盗版基础设施的正式属性决定的。"(231)

拉金的研究还提出了技术故障和维修需求的问题，在某种程度上与梅耶对玛瑙斯电视制造环境文化的研究相类似，为新兴学术提供了基础，如帕德玛·奇鲁米拉(Padma Chirumamilla, 2019)对南印度电视维修工的人种学研究，丽莎·帕克斯(Lisa Parks, 2018)对非洲农村手机维修的研究。虽然学术界探索媒体流通文化的研究可能不那么活跃,但是这类研究仍然非常重要,它给学者们提供了很多发展机会。当然,关于媒体技术和文化的基础结构维度的学术研究将是发展媒体生产和流通的关键,正如丽莎·帕克斯所说的"环境、社会经济和地缘政治条件"(2015:357)。

定义生产文化的不同方法

至此,本章节集中讨论了视听媒体生产文化的学术研究。还有一些重要的生产研究也探索了其他产业,这些案例也是非常重要的,因为它们为生产研究提供了丰富的媒体产业之外的模型。以音乐产业为例,基思·尼格斯(Keith Negus)1992年出版的《制作流行音乐:流行音乐产业中的文化与冲突》(*Producing Pop: Culture and Conflict in the Popular Music Industry*)一书取材于对英国和美国唱片工作者为期四年的采访。尼格斯探究了早期艺术家的探索阶段和培养人才的标准产业实践。他的研究项目可以说非常符合放在我们这本书的很多层次:研究中展示了对产业规范和实践的好奇心;他的分析来源于对众多机构中不同角色的工作者的采访;他的书以流行音乐产业的跨国组织和全球范围的宏观场景为开端。总的来说,他对艺术家发展的描述,如艺术家的获得、发展、制作、推广、宣传和表演,可以说是对流行音乐多阶段制作文化的一种审视。尼格斯的研究群体是由艺术家从音乐发现到专辑发行这条线路"垂直"联系起来的,这与本章中其他案例讨论的特定阶层的生产群体研究不同——比如鲍德梅克的线上信息提供者。

值得注意的是,尼格斯的书并不是关注艺术家,而是关注那些与艺术家互动的身份各异的工作者，他们通过与艺术家的互动塑造了流行音乐的本质。尼格斯的研究使用了布尔迪厄的文化中介概念，并关注了整个过程中的工作，以及流行音乐生产和流通在不同阶段的互动。在方法论上，通过访谈，尼格斯不仅描述和解释过程中不同阶段的意义，而且呈现了过程中每个角色的文化世界。尼格斯利用对过程的深刻理解，批判地指出特定的工作实践如何导致一个产业赋予流行音乐特定的特征。

南希·贝姆 (Nancy Baym) 的《面对大众演奏：音乐家、观众和联系的亲密作品》(Playing to the Crowd: Musicians, Audiences, and the Intimate Work of Connection，2018) 与尼格斯的著作有着显著的不同，但也阐述了一种音乐产业的生产文化方法。贝姆通过对音乐人的广泛采访，探索了关系工作。关系工作已经成为事业有成的音乐人工作生活的一部分，实际上不少音乐家在数字发行和社交媒体出现之前就已经事业有成。贝姆的研究通过对录制和表演音乐的精确认识进而去了解音乐家在管理粉丝期望时所面临的压力和经验，他给读者梳理了漫长的历史背景，时间线甚至回溯到前工业时代的音乐起源。贝姆的书详细描述了音乐家文化，以及这种文化在音乐家能够或必须与乐迷直接接触中发生的变化。许多传媒研究的案例都涉及这个主题，但基本都是从产业对唱片公司的有利影响、数字发行服务或录制和音乐演奏产业发挥作用等方面论述的。总而言之，借助生产文化的方法，贝姆的研究揭示了艺术家如何体验新的产业动态，以及如何平衡音乐制作的工作和吸引粉丝的工作。

马克·德伊泽 (Mark Deuze) 在 2007 年出版的《媒体工作》(Media Work) 一书中提出了许多与尼格斯和贝姆相似的话题，但是组织形式

3. 生产文化

截然不同，它关注的是媒体产业中的跨产业工作者。德伊泽的研究重点在于数字环境下媒体工作性质的变化。在介绍性的章节中，德伊泽阐述了传媒工作者工作生活中的核心问题，以及数字技术对他们工作的影响，该书的核心是聚焦不同媒体产业的工作。德伊泽的研究将新闻业、视频制作、广告和游戏制作等迥然不同的产业联系起来，使媒体工作文化成为统一的主题。

德伊泽探讨了付费媒体工作随意化的后果，同时数字技术融入日常生活方方面面，使工作和休闲的界限越来越模糊，尤其是对从事媒体工作的人而言。德伊泽通过广泛采访试图回答在媒体领域工作是什么感觉，以及"工作组织如何塑造创意行业员工的职业身份"(xi)。德伊泽对五个不同国家的四个不同产业的媒体工作进行了深入了解。因此，与许多深入考察特定场所的生产文化研究相比，德伊泽的研究相当广泛，而他的研究问题却相当具体，以此把看似广泛的研究范围置于一个受控制的状态。

结　语

最后几个案例展示了视听媒体产业之外的生产文化研究范围，德伊泽特别展示了生产研究如何跨产业考察工作者和产业群体。事实上，我们希望借助这一章节阐明：作为一种传媒产业研究，生产文化研究可以针对许多产业中不同类型的工作者。考德威尔（2008）在他的研究中也提及，在他所研究的底层工作者中，电影和电视产业之间存在着显著的重叠和互动（9）。就这方面，值得强调的是，生产研究可能会对本书的结构"层次"提出挑战。

83

广义上的生产文化工作将媒体生产作为一种文化领域的重点，它可以跨越产业和部门，可以考察单个产业垂直层次结构中不同地方的工作者，甚至可以研究与重大技术变革或经济问题相关的媒体工作者和工作条件。此外，生产研究可以通过只关注单个工作群体，甚至单个生产就可以推断媒体生产的一般趋势，就像莱尔所做的研究。由于生产文化一般关注的是媒体工作者和群体，可能看起来与对其他产业工作者、角色和群体的研究很相似，但其范围也可以相当广泛。

这一学术研究的共同特点就是始终将媒体生产视为意义制造的场所，这里的意义不一定是由媒体文本和商品所产生，更多的是媒体工作者对自己和他们的工作所塑造的意义和价值。正如本章节所示，生产文化与许多其他类型的传媒研究的区别就在于生产文化关注媒体产业工作者对意义制造活动的兴趣。因此，生产研究必须采用广泛的研究方法，并审查各种信息来源。在生产文化研究里，对媒体工作者进行访谈是很常见的，观察不同的产业活动场所也是常见的，这些场所包括公开或半公开的场合，如行业展览和促销活动。虽然许多传媒研究可能会进行类似的研究，但不同的是，生产文化研究始终在探索以不同的方式理解这些数据，从而研究一个群体的文化意义和价值观。本章节还指出了一些生产研究如何使用分析框架去解释一些令人惊讶的材料，比如技术手册、DVD专题节目，以及文化产品本身，如电影，这一点可能是最不寻常的。

在这种研究和分析的基础上，生产文化研究领域以各种方式呈持续增长和发展的态势。例如，学者们在欧洲媒体产业的案例研究中探索了生产文化 (Szczepanik & Vondereau, 2013)。有些学者则试图将生产研究和同性恋媒体研究联系起来 (Martin, 2018)，借此对生产文化工作中常见的权力关系进行批判。正如阿尔弗雷德·马丁 (Alfred Martin) 在一篇专题杂志的导言中指出的那样,同性恋生产研究是生产文化现有作品的"分支",它探索了"在／跨 21 世纪的媒体中生产同性恋的意义"(4)。该研究的具体案例包括大卫·库恩 (David Coon) 对一家小型生产公司在制作同性恋媒体时所面临的困难的研究 (2018)。以及布莱恩·韦斯特 (Bryan Wuest) 关于发行商如何利用宣传语塑造某些电影的"同性恋"(2018) 的分析。

同性恋生产文化研究与朱莉娅·希姆伯格 (Julia Himberg,2017)、艾玛·吉恩·克里斯蒂安 (Aymar Jean Christian,2018) 这两个学者最近的研究都将性别、性取向和同性恋问题放在了更为中心的位置。此外,他们还持续开展生产文化研究项目,将媒体工作者的产业工作作为文化活动进行考察,扩大了传媒研究的领域,而这些研究领域能够帮助我们深入了解媒体制作与传播产业工作者的文化生活、实践、意义和价值。

4. 机构

接下来，我们将对传媒结构层级进行深入探索，以了解构成整个媒体产业的不同类型的机构。在录制音乐中，"唱片公司"不仅主导生产，如今也正逐渐在以 Spotify 和苹果音乐为代表的网络发行商所接管的发行中扮演着关键角色。同样，电影和电视的生产过程也由电影公司或制作公司等在发行中同样重要的机构所主导。同时，虽然电影生产公司得到了更多的学术关注，影院也被纳入到广义的电影产业中。当然，这些仅仅是一些最容易识别的机构。传媒产业的各类机构广泛参与到市场营销、收视率测量和劳工运动等工作中，而这些都是我们需要研究的。

一般而言，机构层面的研究主要关注传媒业中一个或多个领域运行的公司或者机构，且它们会随着经济、技术和文化的发展不断创新。对组织机构的研究揭示了有关传媒公司实践的更为具体的信息，如他们是如何运转和执行核心工作的。但是当研究关注组织内部特定职能时，这些信息的阐释可能是不清晰的。组织机构层面的研究试图解释机构内部各类职能之间的相互关联，如怎样解决来自于雇主的各种压力，以及在工作中对机构的依赖，或者简单说来，那些制约他们做什么和怎么做的强大约束力是什么。当然，在传媒研究的背景下，这些问题的提出是基于对这些跨组织的职能和协商如何产生出艺术自主的思想，工业化生产过程如何影响创造力，以及一系列有关文化产品的生产和发行其他问题的好奇。

这一层面的研究通常提供对特定组织机构的"深度描绘"和细节阐释，其目的在于研究的深度。虽然总体而言，这些发现并不能推广到其他机构，在大部分的案例中，这类研究依然提供了对类似机构的内部动态更全面的洞察。比如，乔治娜·波恩（Georgina Born）2004年对英国广播公司（British Broadcasting Corporation）的研究来自于220个采访和对一些在BBC工作超过8年的人的观察。虽然这些关于BBC机构动态的发现并不能完美预测丹麦公共广播公司（Danish Public Broadcaster/DR）的运行，但它能够解释公共广播公司运作中的普遍问题，并有助于对更广泛的，甚至在公共服务背景之外的广播电视产业的理解。

其他类别的组织机构研究则旨在产生可推广到整个行业的知识，如与电影公司、唱片公司或者新闻工作室如何运行相关的文化谈判。鉴于这类研究需要对多方组织机构进行调查才能得到更全面的结论，其使用的研究方法依具体情况而不同。

传媒社会学和组织学研究深刻影响着媒体组织机构研究，同时相关的还有包括心理学和传播学研究在内的其他领域。在美国，保罗·赫什（Paul Hirsh, 1972）提出了"创意产业"的最早解释，旨在理解传媒产业的供应链动力，以及不同的组织机构如何通过守门人和分销商相互关联。另一位社会学者理查德·A. 彼得森（Richard A. Peterson）运用"文化视角的生产"路径，对传媒产业中包括法律、技术、市场、组织结构和职业在内的制约因素进行了调查（Peterson, 1982; Peterson & Anand, 2004）。20世纪70年代末期和80年代早期有关英国新闻机构的各类研究为组织机构研究带来了更多媒体视角并开始思考媒体产品中的文化力量。约瑟夫·图罗（Joseph Turow）早期的研究《社会中的媒体系统》（*Media Systems in Society*，1992）将组织研究引入美国的传播学领域。图罗指出，他的研究源于调查权力如何在组织内部、组织之间、负责创作和发行产品的组织之间移动，以及这些关系如何对产品及其如何有效吸引观众产生影响。在更早期的研究中，图罗（1982）探索了与较少见的"非传统"节目生产有关的组织和跨组织间的状态，并据此将组织行为与媒体文本内容相联系。

　　本章主要关注电影制片厂、新闻编辑室和唱片公司。我们对组织机构的范围进行限定，体现了在保持背景一致的情况下对问题的探讨所能企及的广度。这里还有一个关键点是多样的研究方法和问题类型，以及我们对学者们用以应对不同信息来源的可用性的核心策略的强调。这些变化表明，媒体组织机构的产业研究并没有一成不变的方式。虽然既往研究已经取得了某种程度的成功，思考如何对研究进行精心设计从而将方法论和研究问题相结合对解释这些研究的成功有非常重要的意义。因为读者很少了解研究项目是如何和从哪里开始的，一般来说，为应对在获取所需资料来源和信息方面遇到的限制，研究者必须从不同方面调整或接近最初的研究兴趣。

历史镜像中的电影公司

　　记录电影公司的历史是电影编年史一种较为常见的形式。这类研究通常将一个电影公司作为一个特定历史时期产业发展、挑战和变革故事中的主角。对于学者而言，这些研究是有吸引力的，因为它们提供了一个被清晰描述的研究对象：一个公司，一个时间框架。对于读者来说，这类研究的好处非常多。首先，他们可以深达特定商业行为和事件的细节，这是一般产业层级的著作不会涉及的。更进一步，一个电影公司的详细发展史对电影产业具有非常大的启示性。事实上，这类产业研究有时借助一个特定的企业提出关于"整体产业"的更宏大论点，如艾莉莎·佩伦（Alisa Perren）的《独立公司：米拉麦克斯影业和好莱坞的变革》（*Indie, Inc.: Miramax and the Transformation of Hollywood*, 2012），我们会在后面探讨其细节。佩伦和其他一些关于电影公司的著作经常讨论同等级其他相关公司的行为和业务。同样，一些有关电影公司的学术研究调查了更大的产业或文化事件和变革，目的在于更好地理解这些电影公司运行的背景。然而，即便这些研究描绘了更广的产业或文化背景，或也提及其他公司，其关注重点还是在某一个单独的公司之上。

要了解这类研究如何利用不同的素材，探查不同的时间范围，阐释不同的观点，比较两个基于电影公司的产业历史案例研究是很有帮助的。一个案例是蒂诺·巴利奥（Tino Balio）对联美影业公司（United Artists）的研究。1976年，巴利奥出版了《联美影业：一个由明星创立的公司》（*United Artists: The Company Built by the Stars*）。这本书研究了联美从1919年成立到1951年之间的这段历史。11年后，他出版了另一本书《联美影业：一个改变电影产业的公司》（*United Artists: The Company that Changed the Film Industry*）。这本书调查了联美从1951年到1981年被MGM收购的这段发展历程。虽然将这段历史分到两本书中有产业和时间的原因，这种划分也同时告诉了我们这个研究起源的一段经历。

4. 机构

巴利奥对联美影业公司的研究来自于他对包括公司内部记录和通信在内的丰富一手资料。就像第一本书的前言所提及的，他获得了在当时属于威斯康星电影和戏剧研究中心（Wisconsin Center for Film and Theater Research）所有的联美在1969年的大量通信记录，这些材料一直上溯至1951年。巴利奥的第二本书是基于电影公司后来的一些材料。这些新的素材一直延续至1980年。由此可见，巴利奥的每一本书都来自于他对不同档案文献的利用。

巴利奥的研究中一个最引人注目的方面是它依托于电影公司的内部文件。这一点是非常罕见的。因为像他谈到的，电影公司一直认为"他们的商业事务是高度保密的"(xiv)。如同当代好莱坞的研究者所了解的，电影公司的详细内部信息在今天是几乎不可能得到的（公开地泄露内部文件是一个例外，如2014年索尼黑客事件导致的文件泄露［Fritz, 2018］，当然，在研究中使用这些资料会涉及一系列道德和方法论的问题）。因此，很多最翔实的电影和电影公司产业研究是历史而非当代研究，因为只有历史性的档案材料是相对可用的，即便这些档案少且有限，有时也很难获得或查询。然而，巴利奥令人意想不到地找到了这些电影公司的内部文件，他还通过对一些联美关键人物的采访对研究进行了补充，包括当时联美影业公司的董事长亚瑟·克里姆（Arthur Krim）和查理·卓别林（Charlie Chaplin）。就像许多产业历史的研究者一样，巴利奥也利用了电影业报纸杂志的记载。但总体来讲，他的书以作者对所谓"幕后"情况的详细描述著称。

虽然有着丰富的细节，巴利奥的第一本书《一个由明星创立的公司》并未对联美影业在更大的电影产业或者电影文化之中的重要性进行论证。相反，这本书让读者自己去发现这个公司的特殊性和重要性。联美影业公司在好莱坞是独具特色的。不像其他控制电影生产、发行和放映的电影公司，联美影业是一个由演员玛丽·碧克馥（Mary Pickford）、查理·卓别林（Charlie Chaplin）、道格拉斯·范朋克（Douglas Fairbanks）和导演 D. W. 格里菲思（D. W. Griffith）这些业界顶尖天才组成的合伙企业，旨在促进他们的电影生产和发行，及应对当时的行业规范。几十年来，联美积累了新的合伙人，经历了不同的经营管理体制，也通过其他个人和公司发行电影。联美影业的一个主要问题在于其缺少生产设备或电影制片厂。因此，它不得不通过与主流电影公司的合作使其电影在主流影院上线。

巴利奥的第一本书主要是在特定人物和商业交易推动下展开的。值得注意的是，这本书也包括了精确的金融信息，如商业交易的金额和交易谈判的细节。巴利奥经常将联美的商业行为和历史发展放在更广阔的电影产业背景下，详细描述竞争公司的行为，整个行业的财务现状，主要的技术变化（如同期声的使用），或者塑造商业惯例的法律和自律规范。

第二本书《一个改变电影产业的公司》（*The Company that Changed the Film Industry*），详细描述了特定个体的理想和决策，商业交易和约定，公司结构的变化，并将联美影业公司的发展放在电影产业的背景下进行叙述。如副标题所言，这本书更清晰地提出了联美影业公司在战后电影产业中的重要地位。巴利奥认为联美影业公司作为产业的先驱者，在 20 世纪 50 到 70 年代开启了电影商业模式的改革（3）。联美主要发行独立制作的电影，此举促进了业内向电影的独立制作和制片厂发行的大规模转向，并成为当时好莱坞的一个重要特点。

4. 机构

巴利奥这些有关联美影业公司的研究通过对内部文件的引用，详述了这一好莱坞电影机构的具体工作方式。佩伦的《独立公司》（*Indie Inc.*）则证明了不需要这些材料也可以对一个电影公司进行引人入胜的分析。佩伦的著作探究了20世纪90年代米拉麦克斯影业（Miramax）在美国电影产业中的重要地位，其上映了诸如《性、谎言和录像带》（*Sex, Lies, and Videotape*，1989），《钢琴别恋》（*The Piano*，1993）和《低俗小说》（*Pulp Fiction*，1994）等一系列低预算或者"独立制作"的电影，并受到广泛报道和赞誉。电影经销商一个最重要的作用是营销与推广电影，佩伦的研究证明米拉麦克斯影业在营销独立电影方面是很有经验的。虽然定位小众且从未达到主流好莱坞电影的程度，米拉麦克斯影业的电影发行还是获得了显著收益。因此，米拉麦克斯影业"在20世纪90年代好莱坞的转向过程中扮演了一个重要的角色"（3）。确切地说，它给好莱坞大型电影公司传递了一个信号：小众独立电影也是有利可图的。米拉麦克斯影业的成功带来了1993年迪士尼（Disney）的并购，同时，"所有其他的主流传媒集团"也紧随其后，陆续"创立了自己的独立电影制作机构或者并购了现存的独立发行公司"（4）。因此，许多"独立制作"的电影在这个年代正式成为好莱坞体系的组成部分。

和近年来其他有关电影公司和电影产业的研究一样，佩伦的研究基于公开的电影产业行业刊物和相关的网站资料，如《好莱坞报道者》（*Hollywood Reporter*）。佩伦的研究显著区别于彼得·比斯金（Peter Biskind）在《低俗电影》（*Down and Dirty Pictures*，2004)一书中对独立制作电影业渲染夸大的描述，此书取材于有关米拉麦克斯影业对电影文化影响的访谈。虽然《独立公司》并没有关于特定个人或者商业交易的幕后信息，佩伦依然描述了米拉麦克斯影业的历史发展并精确分析了公司的商业策略和实践。值得注意的是，佩伦这一研究是远在米拉麦克斯影业的共同创始人哈维·温斯坦（Harvey Weinstein）在2018年因性虐待被捕并被大量报道之前进行的。

  这本书关注的焦点在20世纪90年代，因此大部分章节涉及的时间范围较短，一般为一到两年。这就使得佩伦可以对米拉麦克斯影业在这个时段内电影代表作的市场营销和业绩表现进行细节描述，并分析公司在这些关键时刻的策略和优先事项调整。佩伦在书中的不同地方多次阐释了如新线电影公司（New Line Cinema）和十月电影公司（October Films）这类竞争公司的行为。这使她勾勒出更为全面的"独立制作"电影产业并突出了米拉麦克斯影业在其中的特殊地位。佩伦关注产业现象，事实上，《独立公司》区别于其他有关独立电影研究的是，后者通常更多关注美学，叙事内容和风格，而非产业问题（King, 2005; Newman, 2011）。在这一方面，《独立公司》的亮点之一是它提供了20世纪90年代后期美国电影业的"三层"结构类型，包括好莱坞主流电影公司，依托于电影公司的独立制作电影，以及真正的独立公司（154）。虽然这本书主要讨论了一个电影公司的命运起伏，佩伦的研究阐明了对电影产业意义更深远、更广泛的现象。同巴利奥针对联美影业公司的研究一样，这本书为如何通过各类素材和历史分期来研究传媒产业中的某一个公司提供了一个清晰的案例。毫无疑问，如果想要拓展对传媒的理解，我们亟需更多这类对美国之外大型传媒公司的细致描述。

  传媒产业研究尚未完全涵盖世界不同地区，尤其是在"民族电影"（national cinema）范式之外的电影业的丰富历史和发展轨迹。例如，

4. 机构

印度的电影和传媒研究主要集中在1991年之后传媒文化被经济自由化和文化全球化的力量所改变的这段历史时期。但我们对"前全球化"时期的电影和媒体鲜有系统的研究，就印度而言，对电影公司的历史研究也很少。斯瓦纳维尔·皮莱（Swarnavel Pillai）的《马德拉斯电影公司：泰米尔电影的叙事、类型和意识形态》（*Madras Studios: Narrative, Genre, and Ideology in Tamil Cinema*，2015）是这一领域的主要成就。

在对多个图书馆和电影工作室的初级档案研究的基础上，皮莱首次对电影制片厂二十年（1937到1957年）发展历程进行了系统阐释。由于我们对孟买印地语和电影产业（宝莱坞，Bollywood）以外的产业逻辑和生产文化知之甚少，皮莱对制片厂制度的关注是非常有价值的。鉴于20世纪40到60年代的马德拉斯（Madras，现称金奈）曾是整个南印度地区电影制作的枢纽，并至今依然是主要的电影、电视和数字媒体制作中心，本书同时也对媒介资本的历史研究做出重要贡献。在比较了意大利、英国和苏联的制片厂制度后，皮莱指出"从近四十多年的电影产量来看，私营的马德拉斯电影公司无疑在传统好莱坞体系之外占比最大（4）。更重要的是，皮莱没有局限于对产业盛衰的直接描述，他还追溯了制片厂的制度逻辑，明星文化，作为叙事和叙事技巧重要来源的泰米尔文化传统，以及最终影响电影的形式和内容变动的社会文化和政治意识形态之间的关联。在对其电影美学进行分析之前，这本书中的三个关键章节描绘了马德拉斯电影公司的主要产业发展历史。

此外，皮莱的书还提及了学者在进行后殖民时代的历史研究时所面临的一个更大的问题。除了主要材料或者系统的电影制片厂档案的缺乏之外，皮莱还得面对电影本身难以获取的问题。因此，他在研究过程中花费大量时间在各种私有和公共图书馆收集泰米尔报纸、电影期刊和杂志，并首次创建了一个与其研究的五个主要电影公司相关的档案室。皮莱的信息收集范围很广，信息来源包括提供有关电影制片厂运作信息的中央和地方政府网站和工会，如南印度电影摄影师协会（the Southern India Cinematographers Association）。更引人注目的是，皮莱认为对有关泰米尔经典电影的文本阅读使他的研究能够"再现电影制片厂的起源和历史"（5）。这三个案例都将电影制片厂作为研究对象，向我们展示了可以采用的不同研究焦点和方法。尽管彼此存在一定的差异，这些案例均将电影工作室放在更大的历史、国家和产业的背景下，这不仅拓展了这些电影制片厂在特定历史阶段的学术知识，更使我们对这些电影制片厂的工作和影响其发展策略的竞争问题有了更为广泛的理解。

新闻机构

新闻编辑室已经成为从机构层面研究传媒的富矿。值得注意的是，这些研究很少关注机构行为，也没有旨在扩大在组织机构运行方面的学术讨论。相反，他们更关注新闻机构如何运作以便更好理解影响日常新闻制作，更广泛地说，影响"新闻"概念的产业实践。

菲利普·施莱辛格（Philip Schlesinger，1978）的《整合现实：BBC新闻》（*Putting "Reality" Together: BBC News*）被视为一个较早的以新闻为关注点的传媒研究范例，虽然其初衷并非于此。施莱辛格的研究从组织研究层面提供了另一种思路，他的研究基于对新闻实践

4. 机构

的观察（1972到1973年）和对超过120位BBC新闻从业者的采访。这些证据翔实细致，使施莱辛格得以开展多层面的研究。他所提出的问题证明了组织研究中可能抵至的难以置信的研究广度。他在引言中列出的将近一整页的研究问题说明了他的研究范围（12）。如"BBC新闻是如何发展的？BBC的发展如何被国家和传媒的竞争所影响？这些如何持续影响其发展？"对于像BBC这样的机构，第一个问题可能不需要采访或观察，依托案头研究和二手资料便足以回答。尽管如此，确定这些问题的答案为施莱辛格发展更为具体、独创和影响深远的分析奠定了基础。

接下来，他提出"新闻播出前要经过哪些工作流程？新闻是意外的产物，还是日常行为的结果？"这些问题调查了新闻生产流程，以了解塑造伦敦BBC新闻的日常制作惯例。但施莱辛格感兴趣的并不仅仅是对生产流程的解释，他同时思考了BBC的编辑理念和权力结构如何影响新闻记者，以及，反过来，影响新闻价值的认定。换句话说，施莱辛格在新闻生产的全面描述之外提出一个论点，认为新闻生产者组成了一个"知识社群"。新闻生产者的独特技能、在机构中的位置和职业知识使他们成为专家，从而反过来赋予BBC新闻"权威"和合法性。

施莱辛格的研究提出了另一个关键的问题："新闻能被轻易改变吗（假设改变是需要的）？或者是否目前新闻广播的结构过于狭窄以至于没有回旋的空间？"这个问题很好地说明了产业研究如何解释内容文本的问题并且将其与文化权力和权威相关联。在调查了新闻如何制作，以及对新闻采用特定形式或呈现某些特点倾向产生影响的组织实践之后，施莱辛格利用他的专业知识思考了产业实践的差异如何催生出不同的文本形态。

如同这本书的副标题"BBC新闻"所意指的,施莱辛格并未指称所有的新闻编辑室或者公共服务广播新闻编辑室都遵从他所观察到的实践和惯例。尽管如此,他的书为研究其他类型的新闻编辑室奠定了宝贵的基础,一个成熟的读者可以想象他发现的各类不同特征在其他情况下如何以及为什么会持续或偏离。通过将研究置于一个单一的背景下,施莱辛格无法更多思考限制和指导对新闻编辑室的评估的一系列特征,但是他的研究问题充分利用了其方法论所提供的深度洞察力。

巴勃罗·博奇科夫斯基(Pablo Boczkowski)的著作《数字化新闻:电子报的创新》(*Digitizing the News: Innovation in Online Newspapers*,2004)为机构新闻编辑室研究提供了一个截然不同的研究路径。此书重点探讨了报刊新闻业如何逐渐融入数字发行和战略。博奇科夫斯基本应像施莱辛格那样,通过深入研究一个特定的机构来建立对其发展过程的纵深理解,但与此相反,他用书中前几个章节阐释了1980到1990年间,美国报纸是如何将电子出版纳入其中的。这些章节在某种程度上描述了一段通过行业报刊和对各类早期在线作品的文本分析构成的原初历史。博奇科夫斯基指出,在报纸努力去确定最佳的电子新闻传播实践时,一些策略不断发生变动,比如再利用、重组和再造。

在这几个宏观描述的章节之后,博奇科夫斯基用一章的篇幅对包括《纽约时报》(*New York Times*)、《休斯敦纪事报》(*Houston Chronicle*)、《新泽西在线》(*New Jersey Online*)在内的三个新闻编辑室进行了案例研究。不同于施莱辛格对新闻采编和准备工作的行业特征如何促成持久化的新闻产品特性的好奇,博茨科夫斯基认为,这里不存在一个共同的故事,因为数字化对新闻机构的不同领域有不

4. 机构

同的影响。

在有关《纽约时报》的章节，博奇科夫斯基重点关注了率先进行在线新闻尝试的科技板块。他调查了为优先安排多媒体新闻而设计的虚拟旅行者（Virtual Voyager project）栏目，其网址为HoustonChronicle.com。新泽西在线的社区合作倡议（Community Connection initiative）则揭示了另一个策略：建立一个读者或用户利用其成为内容生产者的平台。虽然博奇科夫斯基并未对自己的方法论进行详细描述，从他的论述中可以明显看出，每个案例研究都被一段时间的观察性田野调查和访谈所支持。在这三个各具特色的案例研究中，博奇科夫斯基并没有解释印刷报纸如何采用数字工具的所有细节。相反，他仔细描述了报纸利用数字科技的尝试，并在这一过程中确定了影响这些战略的行业因素。

博奇科夫斯基的研究完成于美国传统报业对迅速变化的发行技术和商业模式漫长且焦灼的应对过程的初期。尽管如此，他的研究做出了非常有价值的贡献。作为一个基于特定的时间和地域的描述，他的著作记录了报刊新闻业在拥抱电子新闻业所引入的独特能力方面做出最早努力的这段重要历史。其次，他通过案例研究归纳概括出相关研究所使用的三个不同的研究路径。值得注意的是，他将这些不同策略的划分根植于与其他产业相似的数字供给，这对于关注其他传媒数字化颠覆和创新研究的学者也具有重要价值。最后，博奇科夫斯基对于这些路径的影响因素的阐释能够帮助学者加深对其他情况的理解，因此具有广泛的价值。在其他背景下的后续研究也将通过对其他因素的确认来拓展这一知识体系，从而对下一次颠覆传媒产业的科技创新的理论和见解的发展具有重要作用。

苏·罗宾逊（Sue Robinson，2011）关注新闻编辑室对数字化变革的适应，这在另一个方向上完美配合了博奇科夫斯基的研究。在一年的时间内，罗宾逊通过225个小时的观察和采访研究了一个新闻编辑室。罗宾逊研究重点的微小差异改变了最具战略性的方法论。罗宾逊质疑了新闻编辑室的空间如何对数字出版发挥不同的作用：数字自适应如何改变了新闻生产、工作流程模式、工作场所管理和权力层级？（1123—1124）罗宾逊的研究有时被认为是生产文化研究。她选取这个案例的原因是因为其与当时大部分的新闻编辑室一样，正在停止印刷出版。同时也因为她能够在场观察到从印刷到数字的整个转变过程。

罗宾逊在研究中形成了与博奇科夫斯基不同的见解，尽管他们的核心问题并没有根本的差异。罗宾逊的工作确定了记者在日常工作和职责发生变化时所面临的日常挑战。对于寻求强大的社交媒体参与的数字出版来说，其时间线和流程是与传统印刷出版截然不同的。除了记者将承担更广泛的职责外，罗宾逊还发现随着大量的技术知识变得更加核心，新闻编辑室内部的权力层级和管理规范正在发生变化。尽管罗宾逊简短的篇幅没有足够的空间来探讨组织实践和管理规范的改变是如何导致新闻产品的调整的，我们很容易想象这样一个将组织变革与对文本的影响联系起来的数字出版行为。

最后，凯特琳·皮埃尔（Caitlin Petre）2015年有关数字指标如何重塑新闻工作实践的调查说明了如何运用组织层面的研究来更广泛地了解产业实践。皮埃尔对诸如点击次数、页面浏览时间等指标进行研究，探讨这些通过互联网发布新闻报道而产生的新数据如何影响记者和编辑的工作方式。她的研究包括对提供这些指标的分析公司Chartbeat，以及Gawker网站和纽约时报（*New York Times*）的观察和采访，并以后两者作为将数字指标整合到新闻编辑室的两个截然不同的环境来研究。对 Chartbeat 的研究使她了解了指标是如何产生的，这里并没有涉及很多计算特征，而主要有关如何和为什么选择不同的测量指标。对新闻编辑室的观察和采访则回答了指标如何在新闻编辑室整合和使用的问题。虽然皮埃尔的分析对象是特定的组织机构，她的研究并非只是针对 Chartbeat、Gawker 网站或纽约时报。相反，通过对这些机构的研究，她可以清楚地了解到记者（个人）的工作和他们的产品（文章）是如何被产业实践转变所影响的（这是一种可靠的收集有关消费的精细数据的能力）。

以上这些研究均聚焦于特定的新闻机构，并基于对研究对象的观察和采访进行研究。尽管具有这些共性，这些发现涉及很广的范围。有些研究将新闻编辑室的工作方式与新闻产品的特性相关联，而有些则调查了这一工作方式对记者生活的影响以及机构变革的方式如何改变记者日常工作和激励机制。在博奇科夫斯基、罗宾逊和皮埃尔的三本内容迥异的著作中，数字化变革均居于核心地位，将他们对数字变革如何影响记者和新闻业的见解与对其他产业和员工的影响进行比较将是有价值的。

唱片公司在文化生产中的作用

与电影制片厂或新闻编辑室相比，唱片公司并未普遍成为有组织的研究或者至少以同样的方式进行研究的对象。很多相关研究探讨了独立和较小的唱片公司，无疑是由于很难有接近"主流唱片公司"的机会，而且这也是巴利奥、佩伦和皮莱之所以采用特定的方式调查电影制片厂的原因。无可争议的是，对唱片公司最好的阐释来自于其他层面的研究。比如，尼格斯（Negus，1992）对于流行音乐制作的多个阶段的描述并没有局限于某个特定工作室，而是通过唱片专辑制作年表来组织行文：包含从人才招聘、许多后续工作直到一个完整的唱片投入市场的整个过程。这个流程中的很多环节是唱片公司的工作，但他的研究并不是为了调查如索尼（Sony）如何制作唱片这类内容。虽然尼格斯并没有以巴利奥研究联美影业的方式重点研究任何唱片公司，他的分析仍然告诉了我们很多有关唱片公司的行为和实践。

尼格斯1999年的著作《音乐流派和企业文化》（Music Genres and Corporate Cultures）也是与对唱片公司的探索相关，而非将这些机构作为重点。尼格斯的分析建立在对唱片界高管的采访和他们在董事会和各种音乐场景的表现的观察之中，但尼格斯试图阐释的差异化并不在于不同唱片公司的行为方式，因为这就如同公司艺人的风格由于音乐流派而显著不同一样实属必然。尼格斯的目的在于确定唱片公司的策略，或核心逻辑——一种对音乐生产和流行产生约束力的行为模式——但是至少对于主流音乐公司来说，唱片公司的组织机构并不是这一学术领域最吸引人的研究对象。

在其中一章，尼格斯比较了在大整合（great consolidation）之前的索尼（Sony）、宝丽金（PolyGram）、BMG、华纳（Warner）和其他唱片公司的企业文化，这为其他传媒产业组织研究提供了更具有可比性的主流唱片公司分析。尼格斯通过采访和二手资料来研究文化和企业认同的作用，及其如何影响音乐生产。值得注意的是，这种调查方法被广泛运用到各种传媒研究中。尽管缺少分析，大众传媒记者构建了对独立电影业相似的阐释，这也同样说明了不同电影

4. 机构

公司神话的重要性（Biskind, 2004）。此外，尼格斯指出的公司内外人士持有的不同看法，以及将特定企业文化归因于"有天赋或有魅力的个人"的倾向，解释了从新闻集团（News Corp）的鲁伯特·默多克（Rupert Murdoch）到脸书（Facebook）的马克·扎克伯格（Mark Zuckerberg）的神话。

主流大型唱片公司通常由一些小的子公司组成。尼格斯通过评估企业文化对说唱、乡村音乐和萨尔萨音乐等不同音乐流派的影响来拓展其比较研究，并进一步强调"人员、组织机构、公司和联盟的复杂性，以及影响流行音乐生产的历史上不断变化的动机，影响和议程"（8—9）。尼格斯的研究主要基于采访，他在文中解释了自己如何解读采访对象的谈话，并通过不同方式对信息进行多元分析，最终贡献了对当代娱乐产业丰富多彩的阐释。

相比尼格斯对主流唱片公司的关注，大卫·赫斯蒙德霍（David Hesmondhalgh）的研究侧重独立唱片公司和后朋克音乐。赫斯蒙德霍（1997）研究了 Rough Trade 唱片公司，以及它为反对音乐行业规范和以更民主的理念来对当时的音乐产业进行反抗的努力。通过采访，赫斯蒙德霍探讨了 Rough Trade 如何从一个唱片店发展到一个唱片公司，再到一个分销公司，然后还建立了一个由七个区域分销商组成的协会来为其他独立唱片公司提供国内分销。赫斯蒙德霍讲述了 Rough Trade 与当时的音乐行业有很大不同的标准体系，包括为音乐家提供 50/50 版税和按单个专辑制订的合同，同时，他也提出了这一试图脱离主流规范和支持更多样化的艺术家和风格的尝试所面临的挑战。

在另外一篇文章中，赫斯蒙德霍（1999）通过对其他两个独立唱片公司——创造公司（Creation）和"一个小印第安人"公司（One

Little Indian）的研究来探索独立唱片公司如何吸收借鉴主流唱片公司的专业化策略并寻求合作伙伴。他提出独立制作公司（indie）的特殊结构更多体现为一个产业组织类型，而非音乐特色。在这种情况下，独立制作公司被视为试图在商业和创造力之间探索一种新的关系的唱片公司。通过对创造公司和"一个小印第安人"公司决策人的采访，赫斯蒙德霍形成了对这些唱片公司的经历以及它们就创意理念和商业需求进行的协商的深度理解，这不同于当时普遍存在的将他们的命运描述为要么火爆脱销、要么过时退市(either selling out or burning out)的话语。同时，他也研究了将这些唱片公司的音乐美学归因于专业化及行业合作伙伴的变化这一观点所面临的挑战。

通过采访流行亚裔英国人电子舞曲领域的三个独立唱片公司的管理者，阿纳米卡·萨哈（Anamik Saha，2011）探索了独立音乐的不同文化政治背景。在后朋克时代政治独立的背景下，赫斯蒙德霍在对独立唱片公司的描述中将其塑造为对音乐产业的挑战和反抗，萨哈则着力探讨了三个亚裔英国人独立唱片公司如何阐释他们涉及后殖民和种族框架的复杂的文化政治。萨哈的采访揭示了尽管管理者努力将其定位为舞曲厂牌（dance label），他们很难回避亚洲身份和音乐的本质主义建构（essentialist construction）。运用采访对象的回答并结合亚裔英国人电子舞曲的发展背景，萨哈反驳了阿多诺(Adorno)对文化和资本主义理解，并以此作为文化产业传统中"复杂、矛盾和有争议的"文化创造过程和消费特征的证据（446）。萨哈提出了"分销边缘化"（marginalization through distribution）的问题来解释艺术家为了自主权，并避免出现脱销的假象而选择独立唱片公司的后果，但由于独立唱片公司的分销网络非常有限，这个决定对他们也是不利的(448)。

4. 机构

这些有关唱片公司的分析没有一个完美再现电影制片厂或新闻编辑室的研究规范。事实上，这些作者中没有人将这些著作视为一个机构的传媒研究的范例。尽管如此，这些研究在关注对象上显然处于产业和个体层面之间，其对机构——唱片公司——如何不需要成为研究的核心对象的说明，对阐释研究问题和关注点的多样性具有重要价值。所有这些案例均将文化政治相关问题和流行音乐制作的主要机构联系在一起，如尼格斯（Negus）研究中的主流音乐公司，以及赫斯蒙德霍和萨哈的研究中不同背景下的独立唱片公司。

结　语

尽管访谈几乎在任何层面的研究中都很常见，关注访谈研究的不同使用方式依然非常重要。值得注意的是，访谈很少以定性的社会科学研究方式出现，该方式旨在通过与调查对象的对话而得到具有普遍性的结论。虽然有一些研究问题适用于这种定性研究方法，但在传媒研究中，更为普遍的是通过对特定的具有专业知识的个体进行采访来得到对问题的深入理解。采访并非只有一个正确的方式，研究者应该认真考虑他们的研究问题并据此寻求最适合的路径。同时，在采访对象是一个有意的选择、而非随机样本的情况下，定性转录软件和分析工具通常不是必需的。

研究者的想象力有多大，在这个层面的研究范畴就有多宽。虽然这些机构为科研提供了适用的研究对象，关键问题在于研究者要严肃思考他们的研究为更广阔的智识对话（intellectual conversation）增加了什么。一个对传媒学术研究的批评是它有时过于强调案例研究

(Hesmondhalgh, 2010)。我们并不排斥案例研究方法本身，而是认为研究者有时未能以一个可用的或有趣的机构为案例来进行研究设计，并将他们的发现以拓展传媒学术的知识体系的方式联系起来。不过，这一章中所有的研究均避免了这个缺点，这一点我们已经通过对他们学术贡献的阐释所证明。在本章的讨论中，我们强调了不同的研究对更广的知识性问题的拓展，比如，佩伦的研究如何在对20世纪90年代的米拉麦克斯影业进行详细阐释的同时，更指向了当时美国电影业的结构性改变；或者，在新闻界的案例中，施莱辛格关于BBC的研究如何提供了对更广意义上新闻编辑室日常工作的洞察；抑或博奇科夫斯基的研究如何辨识出紧随新闻数字工具而来的传统媒体产业机构所面临的两难困境。同样值得注意的是，这些学术研究启发了一系列极具创新力的理论框架。如施莱辛格利用社会学的知识去理解BBC新闻记者；博奇科夫斯基发现科学和技术研究框架对描绘技术创新和组织结构的关联极有助益；此外，皮莱的电影制片厂研究和萨哈对亚裔英国人唱片公司的分析提醒我们产业研究学者必须对截然不同的文化和价值概念以及资本和劳动力的不同轨迹保持敏感。在其他学术研究中，皮莱和萨哈的研究清楚地表明，后殖民研究（postcolonial studies）和批判种族理论（critical race theory）不仅可以告诉我们传媒的"他处"（即非西方），或者独立/小众媒体，更重要的是还可以告诉我们主流媒体机构如何真正为了他们的人才、工作实践和生产内容的多样性而努力。

我们希望这一系列案例研究能够证明的另一个关键是传媒研究的普遍价值。值得注意的是，组织机构信息经常在很多不同类型的学术研究中被披露，包括那些没有明确定义为媒介产业研究的。比如派迪·斯坎内尔（Paddy Scannell）和大卫·卡迪夫（David Cardiff, 1991）的 BBC 社会历史研究揭示了大量产业动态和机构运作信息。这里还有很多横跨不同传媒产业的问题。一个对 BBC 感兴趣的研究者不应该认为只有博恩（Born）和施莱辛格（Schlesinger）的研究是相关的，也不应该认为博奇科夫斯基（Boczkowski）比佩伦（Perren）更为突出。否则会很容易陷入对某个特定领域的狭隘思维中，并认为这一行业的研究涵盖了相关学术生产交流的全部范围。相反，我们发现那些针对相似问题的研究，即便是在不同的行业里，对于奠定学术基础也是非常富有成效的。

在发展中的组织机构研究中，研究者受益于全面思考这一领域现存的问题和如何通过对相近背景下的产业调查来增加既有的知识和丰富当前的理解。一般而言，通过潜在的问题而非主题来对传媒研究进行分类更有价值。比如赫斯蒙德霍和萨哈对于独立唱片公司的研究可能直接被分类到与唱片公司有关的文献。尽管这也没错，但它也同时与佩伦对"独立"电影制片厂的研究的核心问题以及被归类为主流的流行文化形式与人们对该主流的反应之间的复杂关系进行了对话。值得注意的是，几乎每一个传媒行业都存在相似之处。重点是，知道一个研究是有关电影制片厂或者是新闻编辑室并不能告诉我们很多信息。相反，它们所调查的问题和使用的理论框架，尤其是在个体和组织层面，是理解这个研究的贡献和价值的关键。

5. 产业和实践

将"产业"视为传媒研究的一个分析层次看起来似乎是多余或自相矛盾的。梳理研究地点和研究对象之间的差异有助于解决这个问题。尽管涉及不同的研究地点，本书探讨的各个层面的学术研究主要关注传媒产业及其行为后果；或许在这里应该使用大写的 I，即传媒产业整体（Industries）。在这一章，我们不仅会对探寻有关"传媒产业整体"问题答案的学术研究进行盘点，同时也包括将一个特定传媒产业（小写的 i）作为研究范畴的学术研究。严格来说，这个研究范围比我们迄今为止讨论过的组织机构、角色功能、个体或独特生产文化等要更广泛。这是迈向更加宏观的路径的关键一步，将国际企业集团和诸如跨多个传媒行业的国际贸易协定等条款纳入视野。

产业层面的研究探索了不同的传媒产业如何系统组织起来生产和发行特定类型的文化商品以及该产业组织的后果。这并非意味着研究者要用"大而全"的方式去研究传媒企业生产创作和发行的每一个阶段。相反，研究者应深入到传媒生产和发行的一个具体领域（如电影分销），通过对档案资料的发掘来讲述这个传媒产业在一个特定国家的历史，或者探索一个可能引发叙事和表现形式方面剧变的产业实践方面的变革。

约翰·汤普森（John Thompson, 2013）对英美图书出版业的描述，托德·吉特林（Todd Gitlin，1983）对20世纪80年代美国电视的研究，基斯·尼格斯（Keith Negus，1992）对于流行音乐生产的开拓性探索，叶蒂·里维罗（Yeidy Rivero，2015）对于古巴商业电视形成的历史解释，迈克尔·科廷（Michael Curtin）2007年对于中国影视产业的研究均为对特定传媒产业的聚焦和关注。虽然界定产业层面的研究有很多方式，研究者运用了一些经过验证的技术来尝试构想和设计研究对象和分析维度。

聚焦一个特定的区域、国家或城市为我们提供了一个研究的方向。与关注空间、地点和文化生产的文化地理学和人类学学术研究相结合，丰富了研究背景，并建立了对许多主要媒体资本和地区更全面的了解(Tinic, 2005; Curtin, 2007; Kraidy & Khalil, 2017; Keane, 2015; Straubhaar, 2007; Srinivas, 2013)。另一个方向是探索一个特定的企业，如好莱坞这类影视公司，并关注其组织机构以及其在国内和国际层面的运营(Krings & Okome, 2013; Miller, 2012)。一些研究，如弗吉尼亚·克里斯普（Virginia Crisp，2015)对数字时代的视频分销的调查涉及广阔的地理区域的具体实践。然而，其他的研究要么关注一个特定的历史时期，要么探查世界上某个特定区域产业发展的历时变革。如江阮秋（Giang Nguyen-Thu，2018）最近的著作调查了越南电视业集权和非集权的权力在跨不同媒体类型和生产背景中复杂和多变的运行。总体而言，这一学术方向描述了特定空间和时间的传媒产业实践，这为我们比较不同地理背景、历史阶段和媒体类型的产业实践奠定了坚实的基础。随着时间的推移，这些研究帮助我们了解了塑造世界传媒产业的不同影响因素和复杂关系(Govil, 2017)。

本章研究涵盖了各类产业，分析了各种问题，深化了对传媒业运

5. 产业和实践

作各方面的理解。在第一部分，我们探讨了两个风格迥异的视频游戏产业，证明了当组织研究用来解释产业层面的行为时，在研究问题和方法上可能存在的差异。

第二部分的学术研究侧重产业变革的各个阶段通常如何导致行文风格、美学、叙事规则和表现形式方面的显著变化。我们首先考虑对美国商业电视进行的一系列研究，这些研究将竞争行为的变化和表现形式与新闻故事的拓展联系起来。之后我们探讨了当国营电视产业不得不与跨国卫星电视公司进行竞争时，电视节目制作和发行方面的学术研究。在 20 世纪 90 年代，整个南半球和一些社会主义国家调整了经济结构并进入到一个相当不平等的全球和资本主义世界秩序。为此，传媒研究、文化人类学和其他相关领域的学者将其焦点从对现代化和发展的质疑转移到消费和文化政治的问题。这些跨亚洲、非洲、拉丁美洲和东欧的媒介公共文化研究包含了对传媒产业变革的丰富解释。这些研究的主体对理解传媒产业全球化和本地化的辩证逻辑，以及更重要的，整个新媒体产业部门的形成，具有极大助益 (Waisbord, 2004; Kumar, 2006)。总体来说，这些研究脉络为思考我们今天在努力解决的设计、供给和算法监管政策提供了重要的基础。

最后，我们关注了一些在产业层面调查媒体具体实践的研究。比如，主流好莱坞电影制片厂营销实践的转变如何重新调整哪些电影被优先开发 (Wyatt, 1994)，美国的电影展业务如何适应更广泛的社会和经济力量以改变观影体验和电影上映市场 (Gomery, 1992)，以及一个传媒公司如何定位他们的工作和角色（Hill, 2016）。当然，我们还有很多其他研究可以总结分析。就像在其他章节中所做的那样，我们从这些研究中选择案例，旨在建立关于研究方法和路径的比较和对话。

拓展无止境：视频游戏产业研究案例分析

通过对两本探索视频游戏产业的著作的比较，我们可以看到学术研究在这一层面所能抵至的广度。杰斯珀·尤尔（Jesper Juul）的《休闲革命》（*A Casual Revolution*，2010）调查了从来没有玩过电玩的人在 21 世纪第一个十年对视频游戏的兴趣和参与。导致参与度扩大的关键是被业界称之为"休闲游戏"，或那些被设计为可快速访问并在游戏方式上具有更大灵活性的游戏的出现。

尤尔致力于寻求"为什么现在休闲游戏这么流行"这一问题的答案，并阐释了包括游戏开发的经济性在内的多种因素的相互作用，探讨了休闲游戏的低廉成本如何使游戏以不同于核心游戏的方式融入玩家的生活，从而拓展了游戏玩家范围。因此，尤尔的研究对象是在"产业"层面，尤其是在一个特定时期的产业细分：休闲游戏产业的出现，随着它在财务上几乎和定义这个产业的主流游戏平起平坐。在这些问题之中，尤尔还提到：休闲游戏是如何出现的？它们如何与视频游戏和非数码游戏的历史相关联？（22）他通过整理有关休闲游戏发展历史的证据找到了答案，尽管它们并未被视为这个游戏产业的"核心"。市场扩张是游戏产业一个鲜明的战略举措，但他同时也发现了包括营利公司寻求增长点在内的多种产业因素。同时，尤尔在对游戏开发者的访谈中了解到还有其他一些看似简单但却非常重要的力量在起作用。人们对休闲游戏日益增长的兴趣也可以部分归因于游戏开发者，因为他们忙碌的生活中几乎没有时间玩硬核游戏。

值得注意的是，尤尔的研究并非仅聚焦游戏产业本身，而是结合了观众/用户研究并对游戏本身进行拓展分析。他通过案头研究建构起休闲游戏和变革中的产业动态的历史背景,是此类产业研究的典范。就像他的采访所体现的,被采访的 11 个游戏开发者并未提及出版商的信息或作用,而是对当时这一行业广泛的社会背景提供了见解。这些采访描述了游戏开发者的思维和策略以及所开发的新的游戏类型,随着技术革新和休闲游戏玩家这一群体出现而发生的变化。

尤尔的采访证明技术革新使得游戏生产变得更加容易,计算机硬件也能更好地支持小型游戏。他同时也调查了系统设计和经济因素,这些因素使得低分辨率的休闲游戏与居于核心地位的行业巨头致力于开发的高分辨率和保真度的高清游戏同时出现。他认为可视化界面是休闲游戏兴起的一个主要力量,由于它们是"拟态的"或允许游戏玩家在屏幕上模拟游戏活动,这类游戏更容易被非专业玩家所掌握。

此外,尤尔对游戏开发者的采访帮助避免了技术决定论的争论,并揭示了游戏产业中的新技术供给、文化因素和经济优先事项之间的相互影响。比如,游戏开发者回忆了他们如何从观察人们的电脑游戏行为中汲取灵感,而这在之前并未被作为预期的游戏特征来指导游戏生产:他们并不一定热衷于那种需要几个小时才能推进的游戏,也并不一定玩联机游戏,或使用家庭游戏机。相比于购买游戏机或者便携游戏设备,多功能掌上电脑——俗称移动手机——给了更多的人玩游戏的机会。但是如果没有积极的产业决策来为这些设备及目前追求休闲的时代背景设计游戏,手机可能不会变成如此普及的游戏工具。手机——和专门为其设计的游戏,极大鼓励了人们在工作之余的休闲游戏参与 (Tussey,2018),并拓展了人们对成功游戏的特征的认识。

虽然尤尔的著作起初并未设定为产业研究,它依然成为文化和流通模式语境化方法研究的重要案例。它探讨了从斯图亚特·霍尔(Stuart

Hall)的《解码/编码》(*Encoding/ Decoding*, 1980)到朱莉·达阿奇(Julie D'Acci, 2004)对这种文化研究模式的最新修订,提倡在探索现象时关注文本、产生、接受和语境。尤尔的著作阐释了由产业研究的各种维度——尤其是对游戏和游戏设备背后的商业认识和讨论,以及对游戏开发者的采访——以求全面评估休闲游戏现象的出现所带来的价值。尤尔对游戏开发者的采访主要寻求他们对"游戏产业的焦点如何以及为什么会转移"的理解。

和尤尔一样,阿芙拉·克尔(Aphra Kerr)在她的《全球游戏:网络时代的生产、发行和政策》(*Global Games: Production, Circulation and Policy in the Networked Era*, 2017)中对视频游戏产业进行了调查分析,并将游戏和视频游戏产业纳入一个更宽广的视野。克尔基于多种证据构建了对于当代视频游戏产业的阐释和分析。由于认识到"数字游戏产业"方面学术研究的稀缺,克尔对其分析对象进行了一个极为宽泛的定义。她对于"数字"游戏的命名进行一些技术和历史的限定,但是她有意提供了一个较宽的适用范围。这本书尤其关注对数字游戏产业的全球性说明和解释,这一特征使其区别于其他依赖"国家"作为其想象疆域的传媒产业。克尔的研究重点是"数字游戏产业的结构变革、生产逻辑变化、流通环节的改变以及政策对全球游戏产业的影响"(11)。

尤其重要的是,克尔在开始分析时承认了数字游戏产业日益复杂的现状——确定了五个细分市场来梳理商业模式、软件生产和开发、硬件系统和市场集中化中出现的变动。与此同时,克尔认识到提出产业层面的观点或者寻求产业层面的答案的困难。通过首先建构起这五个细分市场及其差异化特征,克尔得以在游戏产业层面对产业结构、生产逻辑、发行和政策进行探索。

克尔收集了一系列证据来对视频游戏产业的运作进行研究。鉴于其规模，她的大部分证据来源于全球——有时是国家层面的——经济数据，比如软硬件的产品销售收入，或产业不同细分部门员工团队的变化。这些数据有助于为这一行业的全球性特征建构案例并阐释其不断变化的特性。尤其是，根据尤尔的书出版几年后得到的数据，克尔证明了休闲行业的持续增长，其速度之快以至于腾讯（Tencent）——这位在游戏产业里专注于手机游戏的相对年轻的选手——在全球收入中名列前茅。当然，她也注意到所有的大公司在休闲和核心游戏的选择方面变得更为多元化。

为探索变化的生产逻辑，克尔从对视频游戏开发者的采访中收集证据。克尔通过引用视频游戏产业劳动力的学术文献、她自己的采访，以及各类行业出版物和产业实践资料文档来区分不同的生产生命周期（硬件和软件），以探索公司内部工作性质。克尔和尤尔都提供了对视频游戏产业运作极有价值的洞察。尽管他们的关注点、调查的行业范围，以及用来支持其分析的证据有所不同，他们在研究问题的性质和寻求可以解释视频游戏产业特定领域（休闲游戏）的证据，或者在一个更广泛的层面上描绘日益增长的全球视频游戏产业结构方面具有相似之处。

其他几位学者（Deuze, Martin & Allen, 2007; O'Donnell, 2014）采访了游戏开发者和其他工作人员，以更好地理解游戏产业的劳动力动态变化，或探索机构规范如何影响其工作人员和所开发的游戏，这些在前面的章节中均进行了讨论。T. L. 泰勒（T. L. Taylor）在电子竞技(2015) 和游戏直播 (2018) 崛起方面极具开创性的工作指向了其他的游戏领域：包括社交媒体对游戏文化日益增长的影响和 Twitch(隶属于亚马逊) 这类数字平台所发挥的强大作用。在《看我玩游戏：Twitch 和游戏直播的崛起》（*Watch Me Play: Twitch and the Rise of Game Live Streaming*）一书中，泰勒利用与一些游戏主播、电子竞技组织专业人士的访谈和对游戏赛事的技术、组织和生产方面的直接观察来调查"快乐与工作"（pleasures and work）的主题，它涉及一种产生新形式的用户原创内容和非传统分销模式的直播活动。随着视频游戏对全球媒体和数字文化重要性的日益增加，我们在未来会看到有关游戏产业的更多学术研究。同样，游戏领域的学术研究开始涉及多元化和不平等的问题。比如在《唤醒游戏：对压迫和社会不平等的数字挑战》（*Woke Gaming: Digital Challenges to Oppression and Social Injustice*）一书中，凯舒娜·格雷和大卫·伦纳德（Kishonna Gray & David Leonard, 2018) 研究的前提是，游戏与其他传媒和文化产业一样，"与系统性剥削和压迫的主流文化纠缠在一起"（5）。任何游戏产业的描述都要深入考虑塑造了全球游戏产品生产和传播的根深蒂固的种族和性别意识形态。

连接表征形式与产业变革

总的来说，游戏研究分析了产业变革的动态，探索了多元经济、组织机构、社会文化和创意力量如何形成创新。关注广播、电影和电视的学者同时也以这样的方式探索了诸如所有制 (Holt, 2011)、科技 (Gomery, 2005) 或商业模式 (Lotz, 2017) 等核心要素的变化如何改变传媒产业的运行。鉴于传媒产业的学术兴趣往往来自于工业化生产的商品如何塑造文化、回应政治关切，将产业变迁的时间节点和风格、审美及表征形式的转变相联系一直是最具活力的研究领域。过去几十年，大量有关美国电视业的研究对以历史为基础的工业化条件研究如何帮助我们更好地理解新的表现形式的出现，以及更宽泛地说，理解传媒与有关种族、性别、性取向的文化政治和其他形式的认同和分歧之间的深刻矛盾关系提供了丰富的描述。

赫尔曼·格雷（Herman Gray）的《观看种族》（*Watching Race*，1995）至今仍被视为一部在传媒研究领域极其重要的著作。作为一个关注美国电视上"黑色"含义变化的研究项目的一部分，格雷同时也对了解"20世纪80年代中后期黑人导向的情景喜剧的迅速激增"这一现象感兴趣。鉴于格雷的目的是理解"电视作为一个表征系统的一般结构和生产逻辑"(xiii)，可以肯定的是文本分析本身并不足以解释流行喜剧节目的表征转变。理解电视节目中的种族需要审视电视业的结构转变和电视在文化体系中的角色变化。

格雷首先承认复杂的历史、经济、技术和文化因素建构了美国黑人在美国电视中的形象描述——这个近乎将其完全抹杀的故事，源于迎合20世纪50年代到80年代作为美国电视业商业基础的主要白人群体的大众受众策略。格雷将美国全国广播公司（NBC）在20世纪80年代开始的窄播视为一个重要发展策略，NBC不再将其核心观众视为无差别的"大众"，而是转为寻求更年轻、更富裕的观众，即使这会导致整体观众规模的下降。根据肯·奥莱塔（Ken Auletta，1991）关于20世纪80年代广播电视网络收购的详细描述、NBC高管布兰登·塔蒂科夫（Brandon Tartikoff, 1993）的自传和行业新闻文章，格雷认为，"追求富裕的婴儿潮一代促使20世纪80年代NBC在节目形式、内容和外观上产生了明显的变化"。

格雷还将这些产业力量与更广的社会政治变化关联起来，并认为《考斯比一家》（*The Cosby Show*）堪称史无前例，其出人意料的成功不可低估。在全球影视产业历史中，到处都是高管们利用一次个体成功开始大规模投资具有相似背景、内容和人物的其他影视节目的例子。那么，《考斯比一家》的成功带火了其他几部黑人演员阵容的系列电视节目就不足为奇了。然而，值得注意的是，很多与《考斯比一家》完全不同的电视节目，仍然被证明是成功的。作为美国媒体研究中当代电视产业的早期分析案例，格雷的研究主要依赖于二手资料和行业刊物来解释美国产业结构的转变。美国产业通过广播网络收购而全面重组，并因此导致其公司化程度的提高。格雷对制片人、作家和演员进行了访谈，但他更多地运用这些观点来了解种族化在生产环境中各式各样的运作方式，而非解释广播网络策略的转变。格雷的研究提供了一个有价值的例证，将种族和族裔代表性分析与行业规范和实践联系起来。正如安那米克·萨哈（Anamik Saha，2018）在其《种族与文化产业》（Race and the Cutural Industries）一书中所指出的："文化产业如何造就种族"这一问题在很大程度上仍然被忽略，直至21世纪头十年产业/生产研究的复苏才被重新关注。萨哈对于传媒种族化的宏观视角——"人和物品，甚至还有文化商品，都在被刻上种族思维的过程"（2018：11）——具有里程碑式的重要意义。他并没有探讨传媒如何表现种族，而是调查了包括格式化、包装、营销和多样性计划等不同的产业实践，"有关种族的理念从中主动产生"（11）。

这些传媒和文化表征的政治性的理论和方法论的转变也引起了研究电视产业运行的学者的关注，以解释利用和塑造其他身份和文化载

5. 产业和实践

体的流行节目所起的作用。

罗恩·贝克尔（Ron Becker）的《同性恋电视和异性恋美国》(*Gay TV and Straight America*，2006) 和阿曼达·D. 洛茨（Amanda D. Lotz）的《重塑女性形象：网络时代后的电视》(*Redesigning Women: Television after the Network Era*，2006) 是考察促成同性恋主题节目和女性中心电视剧出现的产业逻辑和实践的两项关键研究。贝克尔试图解释 20 世纪 90 年代美国黄金时段电视台在同性恋可见度及同性恋主题节目上的突然扩张。值得注意的是，和格雷一样，贝克尔也首先指出一种文本现象——男女同性恋角色和主题的激增——并着手寻找其原因。贝克尔不仅指出了更广泛的文化因素，也探讨了在美国这段有关同性恋身份认同和政治的严重动荡时期，广播网络中不断变化的产业实践所起的作用。由于有线频道吸引了相当多的，尤其是更年轻和富有的观众的注意力，受众市场变得越来越分裂和碎片化，为应对这一局面，网络程序员和广告商重新设定了他们对广播电视大众吸引力的设想和相应的节目编排 (Sender, 2005)。

通过对有关广告业变革的竞争条件、文献和数据的分析，对电视节目创作人以及业内高管的行业新闻采访，贝克尔发现了重视 18 至 49 岁的观众，而非"大众受众" 这一战略转变的另一个后果。事实上，贝克尔对 20 世纪 80 年代以来电视业的深刻变革进行了分析，而当时业内人士和学者对此仅有模糊的认识。他根据收视率数据来证明，尽管电视业收视率总体强劲，但任何一家电视公司的观众规模都在收缩。综合广告主的商业支出数据，并探讨了电视频道为寻求窄化的受众群所采用的策略，贝克尔描述了广播电视公司所面临的挑战。尤其重要的是，他整理的证据支持了这样一个观点：网络并非仅仅寻求同性恋观众，纳入同性恋主题源自于一种价值观，即这类节目对异性恋观众也具有吸引力。当然，这些看似"前卫"的节目也只能走这到一步了。它依赖老套且错误的性别身份认同的情节来确保"异性恋恐慌"（straight panic）不会影响大部分美国观众，及在这个过程中危及利基营销和细分电视节目策略的潜力。

在《重塑女性形象：后网络时代的电视》(Redesigning Women: Television After the Network Era, 2006) 一书中，洛茨（Lotz）进一步调查了从大众受众（mass audience）规范到窄播目标的转变，从而解释了20世纪90年代美国电视业以女性为中心的剧作大量出现的原因。这些包括《吸血鬼猎人巴菲》(Buffy the Vampire Slayer)、《艾莉的异想世界》(Ally McBeal)、《天意》(Providence)、《法外柔情》(Judging Amy) 在内的各类剧集的出现和成功可能与广播电视台对男性观众的重视程度逐渐下降相关，由于男性观众越来越多地在有线电视频道上找到更有针对性的节目。洛茨根据产业数据、行业新闻报道，以及对企业高管和创意人士的采访来理解大女主电视剧的深度扩张。同时，一个名为"女性电视"的频道连续26个月成为收视最高的有线电视频道，另外两个女性频道也展开竞争。

虽然彼此相关，但产生黑人情景喜剧、同性恋主题电视节目和女性中心电视剧的根源并不完全一样。这三个现象在不同时期出现，并与行业规范历时二十年来调整变化的不同方面相关联。贝克尔指出同性恋主题电视节目的重要性在于吸引异性恋观众。由于"女性"不再被视为小众圈层，洛茨深入研究了作为电视业目标的女性的具体特点。然而，值得注意的是，在能够全面理解现行的不同经济、规制、政治和文化力的相关影响之前，我们确实需要一些历史的距离。比如，在一本新作——《破坏电视：有线改变电视与网络颠覆一切》（*We Now Disrupt This Broadcast: How Cable Transformed Television and the Internet Revolutionized It All*，2018）中，洛茨通过调查促使美国有线电视频道开发原创剧本系列剧的行业力量，探讨了20世纪90年代产业转型的另一个方面。洛茨认为具有高数字容量和保真度的DBS卫星服务的发展带来的更广泛的竞争力和由1996年电信法案（the Telecommunications Act of 1996）引发的监管调整，是促成有线电视频道竞争策略转变的关键。基于广告商和用户收入的原创有线电视系列节目极大调整了美国观众对电视节目边界和特征的看法。在不到十年的时间里，有线原创电视剧从被污名化一跃而成行业奖项和流行文化关注的巅峰。

所有这些案例都反映了一个惯常的学术路径，即通过考察产业运营和战略变化来解释媒体节目的显著变化和它们在特定的历史节点所利用和塑造的文化政治。值得再次强调的是，这方面的学术研究通常将详尽的文本分析、对广泛的社会历史背景的细致解释和有关受众及对其社会和政治生活的讨论结合在一起，并以此将行业实践置于有关媒体和表征政治的更广泛的争论之中。这些证据——包括有关行业特征的数据、对企业高管和创意人士的一手和二手采访资料、对行业惯例和生产流程的观察、商业出版物分析以及其他从业人员讲述的其工作部门情况——丰富了我们对行业变革和表征政治之间关系的理解。

描绘结构与文本的嬗变

当我们探讨英美之外的电影和电视学术研究时，产业动态往往明显与民族国家的文化政治有关，并一方面侧重影视节目研究，另一方面关注观众/接收效果 (Mankekar, 1999；Abu-Lughod, 2005)。这里也有一些例外，如威廉·马扎雷拉 (William Mazzarella, 2003) 的孟买广告业民族志研究。然而，尽管很多学者关注节目、受众和文化混杂的政治研究 (Kumar, 2006; Fung, 2006; Parks & Kumar, 2002)，这些通过研究卫星电视等来分析经济和文化全球化之间复杂关系的学者们确实融入了对产业动态和实践的丰富阐释。

香提·库马尔 (Shanti Kumar) 的《黄金时段的甘地：印度电视中的全球化和民族主义》（*Gandhi Meets Primetime: Globalization and Nationalism on Indian Television*，2006）一书成为从集权到商业电视过渡的重要研究。在本书中，库马尔的主要目的是了解在20世纪90年代，诸如星空传媒（Star TV）这样的跨国传媒企业以及如ZEE和Sun这样的跨区域网络的引入和建立如何带来人们对民族共同体的新的愿景。为了证明"电子资本主义的迅速转型和广播电视网之间日益激烈的竞争对后殖民时代印度的民族主义进行了彻底的想象重构"(2)，库马尔分析了一系列电视节目并追溯了围绕一些争议性节目的新闻和流行话语。但是他的分析中很大部分还涉及对国有广播电视台（印度国家广播电视台，Doordarshan）政策和监管转变，以及对印度无线电波段的公共与公司控制之争的详细分析。在第一章，库马尔追溯了印度国家广播电视台作为国家赞助网络身份的变化、20世纪70年代电视的变革，以及印度政治经济结构的变迁如何导致国家广播电视的商业化和向赞助节目转变。

库马尔的分析证明了一个事实：世界上绝大多数国家投入大量的资源来发展国有电视产业 (Lent, 1978; Abu-Lughod, 2005; Head, 1974;

Bai，2005)。如约瑟夫·斯特劳巴哈（Joseph Straubhaar）在他对世界电视业的调查中所指出的，这些媒体企业"在与政府政策和国家认同形成互惠关系的国家市场内工作"(2007，55)。关于新自由主义全球化时代（20世纪50到80年代）之前民族国家的经济、政治和文化角色、国家媒体集团（如巴西的TV Globo，墨西哥的 Televisa）的影响，以及商业和文化精英在亚洲、非洲和拉丁美洲传媒产业演变中的作用等方面的学术研究，对理解始于20世纪90年代的传媒全球化和本地化的动力是至关重要的。同时，我们还应注意，理解产业动态和文本变化的关系需要历史特殊性，更为关键的是，需要能够解释所有权、组织和运营的国家、公共和私有模式的理论和方法论框架。

最近发表的一篇有关印度视频文化史的博士论文也谈到行业层面的研究在探索技术变革、媒体基础设施和新兴产业部门的交叉的潜力(Tiwary，2018)。伊师塔·蒂瓦里（Ishita Tiwary）的研究从文本/形式的视角切入，并确定了对于理解印度视频文化至关重要的四种"类型"——结婚视频、录像制品、视频新闻杂志和宗教视频。在第一章，蒂瓦里谈到了"家庭式作坊"的出现，在这里，心怀抱负的电影人、知名摄影工作室和一大批媒体企业家聚在一起制作"结婚视频"。在有关电影电视类别研究的基础上，蒂瓦里也探讨了这一特殊的媒体制作领域是如何通过包括硬件和软件编辑在内的新媒体技术以及诸如混音器这种声音技术形成的。这些技术将在20世纪90年代继续改变电视产业。

之后，通过聚焦于一家特定的公司（Hiba Films），蒂瓦里讲述了一个有关直接录像制品的故事。鉴于印度背景下的电视研究尚未深入到行业结构和动态，我们也未对20世纪80年代国营电视台的运营有一个深入的理解，当然，也未能仔细考虑家庭录像对电视或电影产业的影响。这个研究对视频技术如何促成一个引人注目的全新类型——电视电影（made-for-TV film）的出现提供了一个重要的解释。蒂瓦里紧接着研究了其他两个重要类型——新闻杂志和关注宗教运动的视频制作。在24*7（一周7天、一天24小时）新闻革命之前的几年里非常受欢迎的视频新闻，为当时除了国营电视台（印度国家广播电视台）的晚间新闻之外没有其他更多选择的观众传播政治信息发挥了关键作用。同时，她也为我们理解印度背景下的新闻业做出了重要贡献，并为有兴趣探索导致20世纪90年代中后期有线新闻井喷式增长的力量和因素的传媒研究者提供了一个探索路径。最后，她研究了视频在宗教教学领域的创造性应用（普拉瓦坎［Pravachan］——关于特定宗教和道德主题的布道或研究），并重点介绍了极具感召力的奥修·拉杰尼希（Osho Rajneesh，奈飞推出的热门迷你剧《异狂国度》［Wild, Wild Country］使其更加臭名昭著）。本章汇集了有关印度隐修院（ashram，一种空间的组织和信徒的日常活动等）的一手资料，并仔细研读了被惯常用来为"邪教"征募信众的普拉瓦坎视频，为传媒和宗教这个明显未被深入研究的主题做出了重大的贡献。

　　蒂瓦里的研究也提醒我们关注在传媒研究中更广泛的方法论问题。在世界各地很多情况下，媒体档案——尤其是与电视和视频相关的——远未经过有序整理。有时候，政府机构控制这些材料。对此，蒂瓦里不得不减少对这些档案材料的依赖，而是通过收集各种不同的行业产品和原始材料、对专业人士的深入访谈（他们中的很多人已经不再从事这个行业），以及对精心选择的视频的认真研读来构建自己的材料库。在更广泛的层面上，蒂瓦里的研究表明我们目前在世界媒体文化和产业方面有着丰富的学术成果。这些工作为新一代的学者更细致和深入地研究产业和机构提供了坚实的基础。

如果我们从一个过于宏观的角度来看待问题，就很难精确阐释产业变革和表征之间的关联。就像后面的章节中即将指出的，我们很难将所有权变更或国家之间的贸易协定与电视节目的日常制作或具体节目自身关联起来。同样地，产业层面的研究并不一定能揭示特定的媒体公司（如电影制片厂）的运作方式或者广告商的生产文化。

产业实践研究

还有很多其他问题和主题可以成为产业层面研究的焦点。根据这一领域的现有资源，这些研究通常需要在分析它们的文化意义之前先解释和确定基本的行业动态。本章的最后一节将重点从旨在提供对传媒业全方位描述的研究转向对特定产业实践的聚焦。"产业实践"意指选出产业和机构参与的那些具体的、可识别的行为。从这个意义上来说，人们可以将实践视为包括正在实施的策略以及一个行业中对其运营至关重要的各类领域。这些研究与特定组织行为相比更宽泛，但其关注重点仍然只是一个产业运行的组成部分。

有时候，正如前面所讨论的，产业实践研究与文本变化相关。比如，在《高概念：好莱坞电影和市场》（*High Concept: Movies and Marketing in Hollywood*，1994）一书中，贾斯汀·怀亚特（Justin Wyatt）试图理解"高概念"作为后经典好莱坞电影的一个主要分支的兴起。在此，怀亚特详细阐述了市场营销和市场调查在新好莱坞起到的重要作用。按照他的定义，高概念电影需要简化的角色和叙事，并将电影内容和风格与市场营销、广告和配乐相结合。怀亚特对文本变化的兴趣与理解1960年后美国电影产业更大的转变密切交织在一起，包括媒体集团化、家庭视频等新技术的出现，以及更为重要的"市场营销和商品化的兴起"（18）。因此，像之前讨论过的，这本书试图将文本形式的变化与产业因素联系起来。正如怀亚特所言："高概念可以被认为是商业电影制作所基于的经济与美学之间冲突的一个结果。"（15）

在继续追溯好莱坞结构的历史变化和二战之后商业电影的更大市场之前，怀亚特详细阐释了高概念电影的形式趋势。他讨论了主要电影制片厂的集团化、家庭视频和有线电视的出现，以及好莱坞大片对好莱坞电影制片厂与日俱增的重要性等。然而，除了这些结构性变化之外，怀亚特指出在这一通过区分电影的某些特征来吸引不同受众群体以提供产品差异化的历史时期，市场营销对好莱坞的重要性显而易见。怀亚特认为高概念是产品差异化的一种重要形式，因为这些电影大众想象与其营销密切相关。在这个过程中，它们"在概念上针对特定的观众，从而使他们的媒体推广更加具体和有指向性"（105）。为了支持他的观点，怀亚特研究了不同电影的市场营销案例，包括平面广告分析、电影原声带考察，以及20世纪70年代之后的营销实践。

怀亚特最后对市场研究的历史和典型方法进行了调查。虽然好莱坞已经开展市场研究很长时间，但这种做法到20世纪70年代末才开始成为标准。怀亚特提供了一个统计模型来解释1983年至1986年间上映的500多部电影样本在经济上的成功，以此来检验他的观点：即由于其简单的叙事和容易适销性，"高概念电影是在所有电影制作中最适合市场研究的"（161）。尽管量化研究常见于大众传播学术研

5. 产业和实践

究，怀亚特对统计分析的使用在人文科学为基础的电影研究中从过去到现在都是非同寻常的。怀亚特通过分析发现，高概念电影的票房收入的确比其他类型的电影更容易预测，这就使高概念对好莱坞具有极强的吸引力，因为它"降低了电影市场的风险和不确定性"（172）。虽然并没有做出因果关系的论断，怀亚特确实认为"高概念应当被理解为由市场研究驱动的行业产品"（174）。因此，这本书成功地解释了商业行为与文本形式之间的关系。此外，它还详细介绍了在全行业范围内发生的具体实践，在本例中为电影业的营销和市场研究。

怀亚特通过研究营销和市场研究这类特定商业实践如何影响电影业和电影形式提供了对这个产业规模的分析，而其他学术研究则通过研究一个产业的整个部门来概念化具体实践。其中一个例子是道格拉斯·戈马利（Douglas Gomery）的《共享快乐》（*Shared Pleasures*，1992），其提供了一个有关"美国的电影放映"的研究，时间跨度从电影放映初期到20世纪90年代初。通过"放映"这一主题，而非"展览"，戈马利不仅可以关注影院业务，更包括电视、有线电视和家庭视频。以提供宽泛的历史概览为目的，戈马利专注于电影放映的商业和社会学方面；如他所说："展览经济学分析不仅需要商业史，更需要应对技术变革和社会影响"（xviii），更进一步，"一个行业的经济结构和行为实践往往会导致重要的社会变革。看电影就属于这种情况"（xviii）。

这本书并没有完全按照时间顺序撰写。相反，本书的前三分之一考察了美国影展的"商业史"；中间的章节着眼于黑人剧场和艺术影院等的"非主流业务"；最后一部分研究了电视、有线电视和家庭视频。戈马利的研究取材于大量商业出版物、报纸以及流行和专业杂志；

127

他也同时利用了历史和社会科学学术研究、知名人士传记和行业报告。这些材料支持在有关行业发展趋势的宏观论断和具体电影、个人或商业行为的特写案例研究之间交替进行分析。戈马利的研究不仅证明了产业和技术变革的互相依存，同时它也为拓宽产业研究的范围以探讨文化变迁提供了一个很好的典范。就这一点而言，他的书为探讨多种力量如何逐渐改变电影放映业务提供了一个复杂而精细的考量。

例如，戈马利将在国民经济变化和当时美国商业界的发展趋势下美国电影放映的兴起和变革联系起来——从游乐园和歌舞剧院到自动点唱机，到20世纪20年代奢华的"电影艺术宫"。因此，在描述20世纪10到20年代巴拉班和卡兹（Balaban & Katz）的剧院运营时，戈马利将它的扩张与美国西尔斯罗巴克公司(Sears-Roebuck)、沃尔沃斯公司(Woolworths)和其他的处于"正在进行的连锁商店革命"最前沿的零售商(35)的崛起相关联。此外，通过展示巴拉班和卡兹如何受益于芝加哥有轨电车和高架火车系统，他在一个更大的经济和社会的背景下构建了这家公司的清晰图景。

《共享快乐》在提供了对电影产业某个部门的宏观描述同时，依然关注一些特定的行业参与者、过程和实践。比如，戈马利用相当大的篇幅来探讨20世纪20到40年代专门放映新闻影片的剧院，并在其中插入了特定的新闻影片院线的详细历史。与此类似，在对有线电视和家庭视频的研究中，戈马利也分别讨论了家庭影院（HBO）和电影大片。同样重要的是，戈马利分析了电影放映业务在不同时期的具体商业策略，包括"双片放映制"（double feature）的发明、电影院空调的安装和黑人影院向潜在消费者做广告的方式。通过这种方式，《共享快乐》包含广泛的历史叙事，其详细介绍了塑造20世纪美国人看电影的方式的特定公司和商业策略。反过来，这也表明行业层面的学术依然能够观照到塑造这个行业的特定公司、商业行为，或社会和文化实践。

虽然没有完全考察"实践"或"部门"，艾琳·希尔 (Erin Hill, 2016) 对好莱坞女员工的研究，《从未结束：媒介生产中的女性工作史》(*Never Done: A History of Women's Work in Media Production*) 只呈现了对整个行业中一个但最典型的方面的批判分析。希尔的著作记录了好莱坞雇员中女性角色的历史调整，即她们逐渐被推入边缘化、低阶层——虽然依然不可或缺——的角色。希尔提出了一个有力的论据，即被人忽视的女性承担的管理工作对于好莱坞作为一个现代、复杂而包罗万象的公司的形成至关重要。然而好莱坞几乎隐形的女性工作，无论是因为被完全抹掉，还是由于女性工作被认为微不足道而缺乏文件记录，都对她的研究提出了极大挑战。希尔极具创造性地克服了传统档案的缺乏，此书通过利用诸如电影制片厂地图、无意间谈到好莱坞劳动力性别分工的制片厂观光片，以及回忆录及其他罕见的女性工作经历的记录等独特材料来试图对性别歧视进行纠正。通过关注好莱坞的女性劳动力以及其被边缘化甚至无视的过程，《从未结束》为进行借助逆历史阅读来批判整个行业的产业研究提供了一个优秀模式。

结　语

本章所讨论的这些研究使用了各种不同的方法论。这类研究大部分基于行业新闻和行业历史的案头研究，并用来推动对导致媒体产品更新迭代的产业实践变化的新认识。重要的是，这些研究中有很多还将产业变革置于更宽广的社会历史或者经济背景中——例如，贝克尔（Becker）对同性恋权利的法律和政治激进主义的关注，或戈马利（Gomery）对郊区化在观影习惯改变方面的重要作用的解释。

对传媒业的调查并不总是必须聚焦变化，但是变化的各个阶段的确为关注传媒业嬗变的学者提供了丰富的机会，因为行业变化颠覆了那些看起来天经地义的规范。例如，在过去二十年里，数字技术在媒体生产与发行中的使用对传媒与文化生产产生了广泛影响。在音乐产业，帕特里克·维克斯特罗姆（Patrik Wikström，2020）关注流行音乐的重大重组，因为通过流媒体服务支付的费用已经取代音乐产品销售而成为主要的收入来源。在收益流方面的核心调整带来经营上的其他变化，从唱片公司签约艺人的合同条款，到极易获得的专业录音和制作工具对音乐创作的影响，这些同时反过来影响音乐家的日常生活和他们创作的音乐。事实上，维克斯特罗姆的著作已经发行过三版（2010年第一版）这一事实也证明了录制音乐产业惊人的变化速度。

即使当研究试图建立和分析产业行为规范时，变化也会介入其中。在对大众图书出版业的描述中，约翰·B.汤普森（John B. Thompson，2013）试图建立在数字分销和亚马逊的崛起对其进行重构之前英美大众图书出版的"场域逻辑"。他叙述了如 Borders、Barnes & Noble 这类图书超级市场的出现如何通过对流行精装书进行高折扣的亏本销售策略来鼓励人们进入商店，从而引发了一场"精装书革命"；以及这如何侵蚀了平装书市场，并削弱了作为稳定可靠的年收入来源的出版商再版畅销书的价值。汤普森详细解释了在大众图书的创作和流通中发挥作用的各类代理和机构之间的内部关联，并分析了它们如何在这些互动中利用五种形态的资本（人力、经济、社会、智力和符号）。

我们试图确定这一层面研究之间的共性，以及以产业、产业实践和子产业为中心的研究可能抵达的广度。由于这一领域的潜在广度，即使被限定于特定的时段或地域，对易于操作的研究问题的精心设计依然是产业层面研究的关键。正如我们在本章中指出的，一种使产业层面的研究较具可操作性的方式是从一系列媒介文本或文化实践开始的。

正如本章探讨的案例所表明的，产业层面的研究常常使人意识到所有权、技术或社会文化变迁这类广泛的力量是如何对产业运营领域进行调整的。产业动态构建了其组成部分的运行趋势，并对不同产业之间的相对实力产生深远影响——如戈马利书中的电影制片厂和参展商的关系。产业及其部门本质上是其他实体的集合体——如特定的影剧院、网络、电视台、游戏发行商等。在上一章，我们调查了对特定组织的学术研究，以探索传媒研究如何更好地了解其日常状态及所面临的挑战，正是这些直接解释了其传媒产品的共性——以及偶尔的偏差。

在下一章，我们从传媒产业和组织机构的日常、实地运作转向宏观、政治经济和全球视角。毕竟，传媒是涉及民族国家、跨国资本流动，以及如世界贸易组织（WTO）和联合国教科文组织（UNESCO）这样跨国组织的世界体系的一部分。这些实体和力量内部及之间的动态促进了当今世界媒体市场的形成和对文化力量的行使。

6. 宏观视图

2001年10月，罗伯特·麦克切斯尼（Robert McChesney）引发了一场有关全球传媒集团和民主的激烈辩论，这一辩论突出了传媒业运行的政治经济学的重要性和复杂性。在《开放民主》（*Open Democracy*）一书中，麦克切斯尼投出了第一枚手榴弹。通过回顾21世纪之交的新自由主义经济政策和新媒体技术，麦克切斯尼声称媒介权力已经日趋集中，"不到十个跨国巨头"控制了全球媒体和信息的生产和流通。他接着表示，在这个寡头垄断的全球媒体系统中，自由民主正处于严重危险之中，除非全世界公民共同为一个不受国家和大企业利益影响的充满活力的公共媒体部门而斗争。

几周后，本杰明·康派恩（Benjamin Compaine）在回应中指出麦克切斯尼的中心论点——少数几个大型传媒集团控制全球媒体系统——没有实证分析依据。通过密切关注在维亚康姆（Viacom）或贝塔斯曼（Bertelsmann）这类传媒集团中运营的媒体公司的范围，康派恩（2001）则认为媒体消费者比以前了有更多的选择。文化研究学者大卫·赫斯蒙德霍（David Hesmondhalgh）精细微妙的评论使这场辩论很快超出了媒体所有权的范畴。赫斯蒙德霍指出，所有权只是这个故事中的一部分。他概述了媒体业务的风险本质、传媒行业专业人士运用的代理机构，以及媒体娱乐和流行文化深刻的矛盾性质如何描绘出一幅更加复杂的画面。完全的公司控制或不受约束的自由市场竞争（free market competition）都无法解释传媒在塑造文化和政治中的作用（2001）。

赫斯蒙德霍精细的角度得到了来自匈牙利、巴基斯坦和日本——非盎格鲁文化圈的——学者和活动家的支持。伊尔迪科·卡波西(Ildoko Kaposi, 2001)指出匈牙利20世纪90年代及以后的媒介系统不仅受到美国电影和电视的影响，更是被大受欢迎的巴西和墨西哥肥皂剧所塑造。鉴于强大的西欧国家和东欧之间长期的文化流动，法国、德国和英国也对其具有一定影响力。针对20世纪90年代已在传媒研究领域占有一席之地的本土化和文化混杂方面的学术研究，卡波西还指出，只要那些已经获得美国传媒公司授权的电视节目进行精心的创造性改编以与当地文化品味产生共鸣，就会有很好的表现。比纳·萨瓦尔（Beena Sarwar, 2001）则为这一辩论增加了另一层复杂因素，他强调：在巴基斯坦的背景下，政府，而非大型传媒集团，是媒体所有权和媒体内容多样性的主要威胁。

几个月之后，詹姆斯·柯兰为此次辩论发表了最终意见（2002）。从更广阔的历史和跨国视野来看，柯兰指出，现在对全球媒介系统提出概括性观点为时尚早。虽然很多工业化国家的动态倾向于媒体行业集中度的提高，但全球媒体版图依然是分散的。在欧洲、亚洲和拉丁美洲，公共广播和国营媒体机构在创造性地应对全球化的力量。事实上，在经济和文化全球化加速的时代重新定义传媒时，民族国家仍然是关键的决定者。柯兰，一位英国传媒研究威斯敏斯特学派（Westminster school）的基础成员，提供了一个重要经验：传媒的宏观视角是有价值的，并能揭示全球变化和政治经济模式，但前提是它

6. 宏观视图

们需要能够解释历史上文化生产的不同模式。

我们从这个看似小题大做的观点开始,并以此来提出一个更宽泛的问题——社会如何在高度集中的资本主义传媒产业中维持强大的公共辩论以及民主实践和制度的文化基础?在应对传媒几乎每个领域彻底数字化的今天,这仍然是我们最重要的问题之一。考察传媒的政治经济学为我们理解世界各地不同背景下民族国家、媒体市场和权力关系之间不断变化的关系提供了一个强大的理论和分析框架。如阿西克(Athique)、帕塔萨拉蒂(Parthasarathi)和斯利尼瓦斯(Srinivas)所建议的,一个宏观视野"阐明了商品、基础设施和很多不同类型的资本——不仅指金融,更包括自然、人力、社会和文化的资本——的整合在传媒经济中起作用"(2018:9)。

此外,关注全球政治经济的动态并非意味着要时刻从最佳视角来调查传媒业。相反,这指的是我们在本章使用"政治经济学"来描述传媒赖以生存和运行的竞争环境的结构条件,并探讨传媒学术如何对这一基础要素进行研究。这一层面的研究涉及超越诸如电影、游戏或音乐等特定行业的主题,思考限制和促成传媒业可以做什么和如何运作的更广泛的力量。如本章序言所述,有关所有权的问题是学术界经常关注的话题,同时也如本章其他部分所探讨的,媒介帝国主义、文化政策和旨在提出跨行业观点的研究也是如此。

发展有关政治和经济基础的影响或其在塑造传媒实践中的作用的理论一直是传媒研究的一项棘手的任务。研究对象、研究范围如此庞大,有时会导致学术研究提出过于宏大的论点。有时候,这可能是理论建构的本质:即基于事物的普遍性提出理论,而并没有充分的证据为基础。在这种情况下,我们经常发现,在具体的研究中,有关"传媒"

如何运行的观点并不一致。

需要明确的是，从宏观层面看待传媒和对其提出总体主张或理论之间是有区别的；本章开篇的有关媒体所有权的争论就说明了这种紧张关系。考虑到这一点，我们采纳了赫斯蒙德霍（Hesmondhalgh, 2019）等学者的观点，他们将传媒概念化为"复杂、矛盾而有争议的"。此外，我们认为在保持这个复杂性假设的同时，仍然对传媒运行的潜在政治和经济基础进行研究是可能的。

我们所理解的政治经济学的特征主要集中于民族国家的特点，如媒体系统是否受到民主或专制的影响；媒体是否作为私营或上市交易的商业企业存在，还是由政府资金支持并被要求维护公共利益。媒介系统的政治经济学也由允许或禁止某些所有权结构、内容类型的规则构成，并包括贸易协定和跨国版权制度。本章重点是对政治经济学在传媒运行中所起的作用从宏观尺度进行研究，我们并没有将其与第一章中详细讨论的批判政治经济学方法相混淆。批判政治经济学路径的研究重点是广泛的——虽然它通常考虑宏观层面的问题，但对考察产业、组织内部动态，特别是媒体工作者面对的劳动力动态也很有效。

这一宏观层面的传媒学术研究所要解决的问题是包罗万象的，这使得其他章节主题组织的建构更为困难。我们探讨了政治经济学研究在媒体帝国主义和文化政策实践中作用的关键著作，因为这两个领域一直是学术界共同关注的焦点。我们特意选定的学术研究调查了政治经济学特征在具体案例中的影响，有时我们将这种方法与采用较一般方法的研究并列讨论。

值得注意的是，用于研究传媒政治经济学的常用方法可能并不容易识别。大多数研究依赖于文献和数据分析。但这个工作最具挑战性的是如何得到所需数据的访问权，甚至连数据的存在和公共可用性都无法保证。我们也选择了一些允许我们阐释不同见解的案例，而这些见解是基于其使用的数据得到的。例如，长期以来，有关全球电视节目发行的关键数据点集中在进出口数据上。约瑟夫·斯特劳巴哈（Joseph Straubhaar，2007）通过将进口电视节目播放时段安排纳入研究对这一分析进行了改进。斯特劳巴哈发现，通常美国进口的电视节目被用来填充深夜和观看人数较少的时段。不管国家层面的进口数据是如何展示的，这一研究显示了本地电视制作的重要性。

在本章的最后，我们的关注转向民族国家之外的经济实践的结构性作用、当前有关媒体生产和流通的数字化的论争，以及研究潜在的政治经济学对解答我们提到的那些紧迫问题方面可能发挥的作用。传媒政治经济学，无论是所有权和法人组织，还是有关贸易或劳工的国家政策，确实构成了产业、生产实践及其工作人员的逻辑，但它们并不是完全的决定性因素。谈判、吸纳、偏离甚至抵制，是全球传媒运行的重要组成部分（赫斯蒙德霍，2019）。总体而言，我们认为保持民族国家和全球资本主义的宏观研究尺度是可能且必要的，它同时也培养了我们对传媒业不同领域和层面的关注。

解释媒体帝国主义

如果说社会如何在集中的资本主义传媒产业中支持政治辩论、民主实践和制度的问题是试图解释所有权如何影响传媒运行的学术基础，那么理解不同民族国家及其媒体之间不平衡的关系是媒体帝国主义研究的核心问题。如第一章所示，国家权力、商业传媒体系和文化霸权的问题从一开始就一直是传媒研究的常态。其中许多问题首先在赫伯特·席勒（Herbert Schiller）和达拉斯·斯迈思（Dallas Smythe）的学术研究中提出，他们从20世纪60年代开始研究跨国媒体和传播公司的力量并对其进行理论化。席勒的工作为媒体公司与其他业务、国家政策和地缘政治关系的关联提供了一个模型。除了研究企业媒体对美国和其他发达国家的社会、政治和经济生活日益增长的影响外，席勒还发展了一种国际视角，以展示同样强大的媒体利益集团如何支撑美国在世界上的领导地位。《大众传媒与美利坚帝国》（*Mass Communications and American Empire*，1969）目前依然是这方面的一个关键文本。

在这本书中，席勒追溯了美国如何在二战后取代欧洲列强（英国、德国和法国）成为世界资本主义、军事和通信的中心。席勒将美国力量的崛起与苏联以及世界各地新独立的民族国家的发展联系起来，研究了美国是如何以一系列相互关联的力量——如资本主义经济、自由民主和消费文化——的传播为前提。对于席勒来说，这种模式从美国的"中心"传播到苏东地区，并向外延展到依赖于"文化帝国主义"的第三世界的外围。他后来将"文化帝国主义"定义为"一个社会被纳入现代[以美国为中心的]世界体系的过程，以及其统治阶层如何被吸引、施压、强迫，有时甚至被贿赂以形成符合甚至促进该体系的核心价值观和结构的社会制度"（席勒，1976：9）。

从这个宽泛的观点开始，席勒继续关注媒体和传播的中心地位，以在美国帝国主义权力的三个领域——经济、地缘政治和文化之间建立联系。席勒探讨了美国媒体和通信公司与其他商业部门的关联，并在此过程中展示了传媒如何成为美国国内和国际的主要经济参与

6. 宏观视图

者。他认为"美国对海外通信的兴趣"从"对广播设施的直接所有权"扩展到"设备销售、管理服务合同和节目出口"（席勒，1992：125）。在席勒看来，美国媒体公司所做的无非是将整个"社会化基础设施"（1976：9）用于发展中国家。更重要的是，席勒指出，对媒体和通信领域的深入参与使进一步的资本投资和其他与通信无关的美国公司能够在国外市场站稳脚跟。

在席勒的分析中，这种市场驱动的"文化帝国主义"需要美国国家和政策工具的支持，他同时解释了美国国家在维护美国国内外商业媒体利益方面的作用。例如，美国国务院经常援引"信息自由流动"原则，迫使其他国家向美国传媒集团开放市场。最后，席勒将商业媒体的全球传播与美国在宣传和公共外交方面的努力联系起来，如自由欧洲电台（Radio Free Europe）和美国之音（Voice of America）。他认为，美国媒体不仅吸引世界各地的观众欣赏美国的生活方式，而且媒体从美国向世界其他地区的不对称流动也获得了美国外交政策的同意。

席勒使用国家数据，如进出口信息，作为他解释全球媒体流动模式的基础。正如我们已经讨论过的，他将他的美国企业行为理论建立在特定的实践基础之上。总之，即使情况因国而异，席勒关于媒体和美国文化帝国主义的研究促使媒体与传播学研究学者认真思考美国通信和媒体公司与资源贫乏的发展中国家的公司之间极不对称的权力关系。基于对这些基本状况的关注，席勒提出了一个核心—边缘模型（core-periphery model）来理解全球媒体格局，并为研究拉丁美洲、亚洲和其他后殖民背景的学者提供了一个框架，以超越现代化和发展问题，进而关注国家、传媒和机构，以及文化政策之间的关系。席勒的工作得到了包括阿芒·马特拉特（Armand Mattelart，1976；1979）

在内的其他学者的支持,后者研究了拉丁美洲的美国媒体和文化帝国主义的具体形式。

但席勒和其他学者提供的证据只讲述了这个故事的一部分。虽然他指出的产业和意识形态目标可能符合他提出的模式,但产业、机构和个人的实际行为并不总是遵循这个脚本。正如约瑟夫·斯特劳巴哈（Joseph Straubhaar, 1991）在一个对媒体帝国主义理论的重要评论中指出的那样,依赖很少以一种有序和毫无争议的方式施加给整个国家,更不用说像拉丁美洲这样多样化的世界区域了。根据巴西的机构和受众研究,斯特劳巴哈提出更广泛的"相互依赖性",其中"各国发现虽然它们各自是不平等的,但在政治、经济和文化方面却拥有不同程度的权力和主动性"（39）。利用巴西的环球电视台（TV Globo）和其他拉丁美洲背景的电视制作,斯特劳巴哈提出了一个复杂的"非对称相互依赖"（asymmetric interdependence）模型,涉及"国内和跨国精英的利益、企业家竞争、关键制作人的议程和行动,以及国家干预,尤其是政策制定者、基础设施提供者和广告商的影响"（43）。

事实上,斯特劳巴哈的研究遵循了其他几条敏锐的学术观点,这些观点认为我们对传媒和文化力量的理解有更大的差别。例如,拉丁美洲的传播学研究者开始分析大众媒体和商业电视的惊人增长,特别是作为与经济和政治统治相关的文化领域。在一篇详尽阐释"墨西哥法则"（the Mexican formula）的文章中,约翰·辛克莱（John Sinclair, 1986）借鉴了费尔南多·卡多佐（Fernando Cardoso, 1977）对依赖性的表述,探讨了涉及墨西哥资产阶级、他们与跨国公司和资本循环的关联以及墨西哥国家之间的三方关系如何塑造了商业电视的发展。换句话说,仅凭美国帝国主义这一点无法有力解释像墨西哥电视公司（Televisa）这样的垄断公司的运营。辛克莱的论点并非基于档案研究或田野调查这样的第一手研究，而是来自对西班牙语报告、商业和新闻文章的仔细阅读和历史情景化，以及有很大影响力的非营利性出版集团 Fondo de Cultura Economica 发表的一些研究和分析。这也表明在试图理解一个国家传媒的政治经济学时，用各种当地语言收集和阅读新闻、商业杂志、政策和政府报告以及学术文章的重要性是毋庸置疑的。

媒体帝国主义和依附理论（dependency theory）的影响也超出了美国－拉丁美洲领域。在英国，菲利普·艾略特和彼得·戈尔丁（Philip Elliot & Peter Golding，1974），以及丽塔·克鲁斯·奥布莱恩（Rita Cruise O'Brien，1979）通过对英国和一系列发展中国家的研究，探讨了新闻和娱乐节目在国际流动中的不对称性。这些学者调查了BBC等西方媒体机构如何在非洲多样化的背景下塑造传媒的发展，并指出在大多数发展中国家广播体制形式呈现出国家驱动和欧洲公共服务广播模式（Cruise O'Brien，1975：92）。除了关注电影或电视节目流动中的所有权和不平衡，克鲁斯·奥布莱恩（Cruise O'Brien）认为西方（如法国或英国）媒体公司提供的如定价、技术标准、专业知识概念和培训计划等制度动态，以及与传媒运营有关的其他因素也具有强大的影响力。这些论点基于对有影响力的政策报告的仔细阅读，例如联合国教科文组织（UNESCO）对进口电视节目来源和电视节目销售方式的评估（Varis，1973），以及克鲁斯·奥布莱恩对重要专业人士进行的采访，包括阿尔及利亚主要广播公司的人事和培训总监，以及监管中东和非洲电视服务引进的海外教育发展中心（伦敦）的官员。

四十五年后再次回顾过去，克鲁斯·奥布莱恩（Cruise O'Brien）

的研究对影响电视进口的因素提供了扎实且具体的分析。随着这些宏观理论的边界日渐清晰，这些研究为对传媒进行更细致的分析奠定了基础。事实上，尽管媒体帝国主义的学术研究一直在研究传媒在建立和维持世界不同国家之间不平衡关系中所起的作用，但这一领域的研究在其主张的具体性和特殊性方面却大相径庭。此外，虽然媒体帝国主义的学术研究借鉴了一系列不同的研究材料，但它们的目的均旨在揭示和批判推动媒体国际流通的力量以及媒体在塑造全球文化权力差异方面的强大作用。

民族国家、媒体市场和文化权力

文化政策在从地方到国家、再到全球的多个层面构建媒体的政治经济学中发挥着至关重要的作用。一些学者研究了这些政策是如何在不同的时期、基于不同文化背景和传媒产业创建和实施的。同时，文化政策只是影响产业活动的复杂因素之一，这促使学者结合一系列其他支持因素和力量来审视政策和政策制定者。例如，曼朱纳特·彭达库尔（Manjunath Pendakur, 1985）的研究阐明了以不同的意识形态目标和议程行事的国家官员、行业专业人士和政策制定者是如何影响印度和美国传媒之间的关系的。为了掌握工作中的复杂动态，彭达库尔将注意力集中在美国电影出口协会（the Motion Picture Export Association of America, MPEAA）及其活动上。

彭达库尔首先概述了 MPEAA 的形成，他展示了美国电影公司如何达成联合协议，以形成海外发行的卡特尔。他发现 MPEAA 能在多大程度上实现其开拓新市场和巩固其成员公司手中已建立的海外领土的目标需要取决于具体国家。他将《综艺》（*Variety*）等杂志上发表的提供了一段时间内分销数据的贸易报告与记录国有贸易公司成立的贸易条约进行了交叉引用，以建立更全面的理解。当与信息和广播部制定的政策报告（如1980年的《国家电影政策工作组报告》，"Report of the Working Group on National Film Policy"）一起阅读时，贸易条约揭示了印度国家如何试图利用国家电影发展公司（the National Film Development Corporation）等机构夺取对电影进口和发行的控制权。为了理解这个故事的美国部分，彭达库尔不仅查阅公开的新闻和贸易来源，还利用联美影业等公司高管撰写的备忘录，以揭示殖民时代英国和美国进口产品之间的竞争，为理解印度电影进口政策提供更深层的历史背景（值得注意的是，彭达库尔使用的联美文件档案正是第四章提到的蒂诺·巴利奥［Tino Balio］用在自己有关公司的著作中的）。此外，彭达库尔分析了通过《信息自由法》（Freedom of Information Act）请求获得的美国国务院记录，以显示MPEAA如何利用政治和外交渠道通过美国大使馆和国务院来影响电影发行。通过这些方式，彭达库尔展示了政策是如何在一系列复杂的政治和经济环境中制定的。

彭达库尔自始至终都在表示，即使印度政府和各机构为在电影贸易中建立某种互惠关系做出了最大努力，最终也遭到了MPEAA的拒绝。尽管印度政府确实设法从好莱坞获得了一些让步，但在其他媒体和通信行业发生的广泛变化使文化政策的制定更为复杂。彭达库尔在对印美电影贸易细致的历史化描述的结尾指出，经济全球化的力量已经导致印度和其他发展中国家传媒的重大变化。像彭达库尔这样的实例分析，为文化政策应对复杂和特殊的局面奠定了基础。

然而，政策制定仍然很困难，因为即使是明确的目标也往往会产生意想不到的后果。在《全球好莱坞》（Global Hollywood，2001）一书中，托比·米勒（Toby Miller）、尼廷·戈维尔（Nitin Govil）、约翰·麦克默里亚（John McMurria）和理查德·麦克斯韦（Richard Maxwell）将批判政治经济学与文化研究方法相结合，解释了好莱坞在国际上持久的成功，并在许多方面扩展了托马斯·古巴克（Thomas Guback，1969）对于二战后好莱坞对欧洲国家的国家电影业影响的分析。《全球好莱坞》还探讨了各种国家和国际政策措施在支持不同欧洲电影业方面的有效性证据。作者的高度批判性，甚至有争议性的立场使《全球好莱坞》明显区别于安妮·雅克尔（Anne Jäckel）对欧洲电影的国家和多国政策更具描述性的概述（2003）。

总体而言，米勒等人认为，旨在通过联合制作改善与好莱坞竞争的欧洲文化政策实际上使好莱坞能够利用欧洲的国家资金。作者对条约和泛欧联合制作基金（pan-European co-production fund）的分析显示，像欧盟（the European Union）的 MEDIA 计划或欧洲委员会（the Council of Europe）的 Eurimages 计划这样资源匮乏的举措，不但没能补贴和支持当地的电影制作和文化领域从业者，而且还面临着欧洲资助的好莱坞电影的竞争。虽然用心良苦，但这些举措的效果被国家税收优惠措施所削弱，例如，根据税收优惠，荷兰媒体行业被注入 1.5 亿美元资本（93）。此外，像 Eurimages 这样的计划也承载着诸如"促进欧洲特色"和"促进欧洲电影业"的其他监管目的（90）。米勒和他的合著者对政策细节进行了深入研究，以表明这些计划如何为官僚精英及其特殊的文化偏好赋予特权，却忽视了底层文化工作者的困境。《全球好莱坞》指出，当"文化"被狭隘地定义为上层创意劳动时，像《第五元素》这样的好莱坞大片仅仅因为法国电影导演参与其中便获得认可。

对政策的关注使《全球好莱坞》能够为好莱坞的国际成功提供除其自身解释之外的另一种回答。作者问道，如果撇开这个行业对优质内容、电影的普遍吸引力以及满足消费者和市场需求的自由市场秘方这类虚华辞藻，如何来解释好莱坞的全球影响力？答案是：好莱坞对文化劳动的新国际分工（the New International Division of Cultural Labor, NICL）的掌控。作者避开了对文化同质化的叙述，以及作为另一个极端的对地区差异的颂扬，并提出了一个宏观层面的解释，将好莱坞置于20世纪70年代出现的后福特主义（post-Fordist）政治和经济结构之中（Harvey，1990）。具体来说，米勒等人将好莱坞定位为资本主义发展新时代的一部分。在这个时代，低工资的发展中国家成为制造商品的重要场所，这些商品随后在世界各地分发和销售。作者对贸易协定和跨国公司在这种新的空间秩序中所掌握的权力进行了历史描述，认为NICL解释了文化劳动的特殊性、传媒产业内劳动过程的全球化、民族国家在这些过程中所扮演的角色，以及至关重要的，

"好莱坞协调和维护其在文化劳动力市场上的权威的手段"（52）。作者阐明了NICL是不均衡的，其取决于包括货币汇率、地缘政治关系、各国劳动力流动的优势和劣势等一系列变量，并确定了一套产业实践来说明NICL的运作方式：联合制作、版权和知识产权制度、分销和市场营销，以及观众想象。

《全球好莱坞》收集了来自各种行业、贸易、政策和国家来源的数据，重点关注国家、资本和传媒之间关系的变化。例如，在关于联合制作的章节中，米勒等人使用从《银幕摘要》（*Screen Digest*）等

商业来源汇编的联合制作数据（见该文献表 3.1）和官方政策文件，这些文件提供了文化政策目标和授权、激励结构（注销、税收减免等）、劳资关系，以及在更广泛层面上，与美国文化、政治和经济实力相关的国家和地区的期待和焦虑的详细信息。由于本书各个章节收录的案例研究和示例来自于世界各地，本书呈现了一种真正的全球导向。此外，虽然分析基于宏观层面的趋势和模式，但包括联合制作、分销、市场营销、展览等一系列产业实践的确定，为其他学者在不同国家和地区背景下进行更深入的研究提供了重要基础。

但 NICL 的这一理念并非没有局限性，这些局限很多是由于将好莱坞作为既有的国家/全球参照系的中心而造成的。为了克服这一点，尼廷·戈维尔（Nitin Govil）的《定位好莱坞》（*Orienting Hollywood*，2015）描述了跨学科学术如何为一项宏观研究——好莱坞和孟买电影业之间一个世纪的电影文化和产业的交锋——提供模式，并同时提供对图像、电影以及国家和行业话语的详细解读。戈维尔极力主张采用跨历史和比较的方法，并鼓励我们不要将"产业"视为理所当然，而是要追问在不同的时间点，任何特定传媒产业的轮廓是如何以及以什么方式定义的。通过追溯孟买电影作为"产业"地位的充满争议的历史，我们能够更好地了解民族国家与传媒之间不断变化的关系。戈维尔明确指出，我们需要适应这种将"国家"或"全球"作为其运营规模的传媒产业的政治主张。戈维尔以亚洲研究的理论发展为基础，制订了一种拒绝"中心、理想的参考点"的比较方法（33），鼓励将关联和多参考点作为研究方法和实践。

当然，这一研究的挑战在于确定要研究哪些产业实践和站点。通过深入的档案研究以及对当代好莱坞/宝莱坞互动的新闻和行业报道

6. 宏观视图

的细致研读，戈维尔首先发现了一系列解释这些传媒产业之间"理解和对比"的动态（35）的问题。例如，他关注"复制"这一涉及面极广的问题，特别是知识产权制度和宝莱坞的"翻拍文化"，以此来理解全球传媒经济中差异的产生。通过对 *Kaante*（Thorns，2002），一部被好莱坞认为是对昆汀·塔伦蒂诺（Quentin Tarantino）的《落水狗》（*Reservoir Dogs*）"未经授权"改编的宝莱坞电影的细致分析，戈维尔展示了 *Kaante* 如何在其他好莱坞电影的基础上"充实了《落水狗》基本的叙事经济"（72）。在关于传媒的盗版和命名的其他章节（"宝莱坞"、"诺莱坞"[Nollywood]等）之外，该分析还向我们展示了"复制"所具有的更广泛的含义。对复制品是"本质不真实"的主流理解（74）催生了一个比较系统，即东方的新兴产业只能通过复制西方才能获得文化和经济影响力。换句话说，传媒产业的等级制度不仅通过文化劳动分工，更是在文本实践中体现出来。

此书接下来的章节讨论财务（联合制作和外包）、展览、劳工和名人文化等问题。戈维尔还一直关注主观性、身份和情感问题。与迈克尔·哈特（Michael Hardt）和安东尼奥·内格里（Antonio Negri，2004）等理论家对全球政治经济学的批评和"情感性劳动"（affective labor）的理解相一致，戈维尔用了一章的篇幅来论述电影业中美国和印度劳工的社会世界。他认为"平等地参与结构、话语和实践"是可能的（9），并分析了了解"他者"的根深蒂固的方式以及种族、宗教、阶级和民族差异的话语如何继续影响洛杉矶和孟买之间的遭遇。

鉴于所涉主题范围广泛，戈维尔利用了各类不同的资源，包括政策文件、行业资源、对行业专业人士的深度访谈、档案文件、备忘录，以及粉丝来信。戈维尔的研究充分展示了学者们如何在关注不同层面的产业运行的同时，对传媒的历史（跨越一个世纪！）提出宏观层面的观点。通过将对电影的精细阅读与对国家政策的分析并置，或将粉丝来信中有关电影大厅的细节与美国对印度会展基础设施的影响历史放在一起，戈维尔向我们展示了如何在现有学科和方法中开展工作。

正如这些案例所表明的，许多不同的信息来源可以用来探索民族国家和其他管理机构的政策对传媒业运行的影响。这些案例在进行文化特殊性分析的同时，也为调查政治经济学的基本结构提供了不同的策略。

文化生产的基本经济特征

尽管本章所讨论的研究在论点和分析模式方面各不相同，但均密切关注影响传媒产业运营的大型宏观现象，或传媒如何参与构成国家和国际关系的更大的政治经济。在很多案例中，学者们对传媒与国家权力和政策以及私营企业利益的互动方式特别感兴趣。无论是思考"文化帝国主义"和文化政治权力的失衡，还是关注不同政府和媒体机构如何影响媒体的国际流动，抑或文化政策如何影响——或未能影响——不同传媒产业参与者之间的关系，许多宏观层面的传媒学术研究都对媒体政治经济学现状进行了批判性的评估。

还有一些学者，如法国社会学家伯尔纳·米耶热（Bernard Miège, 1987），对考察不同的传媒产业如何采用影响媒体的制作、传播和消费方式的特定商业模式有更大兴趣。尽管有一些传媒经济学研究在不强调文化问题的情况下对这些话题进行了探讨，但米耶热等学者分析了经济特征的文化含义，或试图解释商业实践的特征如

6. 宏观视图

何使媒体成为文化生产者。米耶热（1987）创建了不同类别的传媒产业——流动（flow）、书面媒体和出版——使其观点的提出以大于某个特定产业但小于整个传媒产业整体为基础。例如，他的"编辑模式"（editorial model）产业包括所有那些制造一次性文化商品的行业，如电影、书籍、视频游戏和专辑。米耶热指出这种形式的商品生产存在一种共同的行业逻辑，正是这种逻辑将这些媒体与报纸或广播电台等生产更具连续性的媒体区分开来。通过用这种逻辑探索特定产业的实践，他将传媒产业的经济基础特征与比特定产业更宽泛的媒体产品部门的行为联系起来。

因此，通过专注于生产和劳动流程，米耶热调查了包括直播卫星、有线电视、本地广播的商业化和可视图文系统在内的跨媒体部门变化的影响。米耶热认为，这些发展远比任何"媒体集中"（media concentration）理论所能解释的要复杂得多。他接着指出了出版、广播、现场表演秀和电子信息行业中存在的各式各样且经常互相冲突的"社会逻辑"。广播中的"流动"逻辑——不间断节目的制作和供应——不仅产生了一种特殊的生产文化，而且还导致了制作人和发行商之间关系的转变。米耶热指出，支配视听商品生产和流通的逻辑取决于国家的作用，以及这些商品是否被消费和是否被视为"公共"或"私人"物品。在文章的其余部分，米耶热详细介绍了其他媒体部门的运作逻辑，然后指出法国的情况不能被理解为"多媒体公司支持下的统一"（1987：284）。相反，可能决定传媒产业结构和运营的是不同传媒产业的生产逻辑和劳动流程的"交织"和"微分加权"（differential weighting）。

最近，米耶热（2011）提供了一系列不同的再现性模式

149

（reproducibility），以区分文化产业的不同部门。同时，米耶热基于其节目特征，将媒体重新划分为比特定行业更广的类别；以及在这种情况下，"文化商品"——或传媒产业创造的商品——与产业生产实践之间的不同关系。米耶热所采用的思维模式同时立足于但非孤立于特定行业，这为跨行业分析的概念化提供了有用的工具。无论是他早期的媒体生产模式，还是最近的类型学分类，米耶热的方法都有助于——用俄罗斯形式主义的语言来说——"制造反常"属性，而这些属性通常被认为是特定媒体商品中自然而固有的。通过以工作实践和产业行为为中心，米耶热揭示了假定为不同的媒体之间的共性，以及那些显然植根于共性的媒体内部的矛盾。

米耶热的研究描述了一种在相较于特定传媒产业规模更大的范围内进行理论构建的方法路径。与许多从宏观层面考察传媒产业的学术案例不同，米耶热对国家权力和官方政策的兴趣不大，而对商业模式和逻辑更感兴趣。米耶热将不同类型的产业行为理论化的努力有助于为媒体行业学术研究中并不多见的跨传媒产业比较奠定基础。

结　语

在过去的二十年中，随着学者们对世界范围内电影、视频和电视业的历史、形成和运营的描绘，宏观层面的理论化研究已经不再仅基于国家或全球的政治经济特征。事实上，正如我们在前面的章节中指出的，在21世纪第一个十年期间，大量有关世界各类传媒产业的博士论文和书籍表明了两个重大的学术转变：首先，对媒体采取综合和集成的研究方法，在进行产业研究的同时保持对受众和节目的关注；

6. 宏观视图

其次，对结构和代理机构更细致的理论视角能够在考虑全球资本的逻辑的同时，关注传媒产业的不同层面——整个行业、一个特定的电影制片厂，甚至是特定的文化工作者群体。

所有权等因素对于确定总体趋势无疑很重要，但仅从宏观尺度上建立关于产业行为和文本结果的可靠预测理论是非常困难的。此外，描述所有权结构和跟踪变化只是一种方法（Bagdikain，2004；McChesney，1997）。目前有大量的学术研究探索市场表现因素，并结合有关行业的详细经济数据来更好地了解他们的决策和行为（Compaine,1982; Compaine & Gomery, 2000; Athique et al., 2018）。简而言之，虽然"谁拥有什么"的问题并未揭示很多信息，但它为研究提供了一个起点。在许多传媒研究中，一个在很大程度上被忽视的所有权因素是所有权类型，例如私人的、公开交易的、基金会/慈善或非营利组织的，或员工的所有权。即使学者们也无法肯定特定类型的所有权一定会产生一致的结果，这依然是分析中需要考虑的另一种动态因素（Picard & van Weezel，2008）。

宏观层面的研究有助于建立初步的理解框架，然而全球持续发展的文化和经济数字化需要重新评估媒体和文化力量。尽管传媒的边界随着各种基于互联网的传播形式的出现而变得模糊，但用于研究传媒政治经济的工具也有利于对脸书（Facebook）和优兔（YouTube）等社交媒体公司，谷歌（Google）等搜索引擎公司，以及亚马逊和苹果等包括媒体制作和发行、核心业务为在线零售和设备制造的公司的进一步了解。税收结构、跨国资本流动、对企业行为和市场定义的监管管辖，以及其他政治和经济因素，都是建立对全球公司在文化中发挥的像媒体一样重要作用的基础性理解的关键。但是，正如媒体所有权

151

问题一样，我们需要对政治经济学特征如何影响这些公司的运营和战略进行精密且细致的概念化。因此，即使我们研究了不同的地理环境下经济、政治和社会文化统治新领域（无论是美国还是中国）的形成，关于受众/用户、数字产业的劳动条件、优兔等平台上与奈飞等门户网站截然相反的创作者文化的动态等问题，依然需要多层次的分析和理论构建。

7. 结论：传媒产业研究的未来方向

在世纪之交，有三股力量在很大程度上塑造了媒体文化：包括互联网在内的新数字技术、全球化和导致传媒企业整合的政府放松管制。关于"融合"（convergence）的讨论开始流行并可以涵盖这三种力量的各个方面。尽管这一领域的学术研究已发展了二十年，但我们对这些主题的理解以及这一学术的持久影响仍未明晰。这些主题仍然是学术辩论和发展的关键领域之一。作为本书的结论，本章指出了一些新兴的研究领域以及传媒研究的持续性问题。

互联网发行

值得注意的是，这三个问题都超越了特定的传媒产业，并基于本书所应用的拓展性和关联性的研究方法。对于不同产业来说，互联网发行的后果和应对措施是不同的，但当下的问题能够甚至鼓励我们走出特定的产业，以获得洞察力和灵感。而且，从产业的角度来看，我们显然不能仅从不同的"旧"和"新"传媒业的角度来思考。文本、图像、声音和视频在互联网上的传播，使新的公司和新的通信方式得以创建，也引入了使几乎所有产业受益的通信和信息工具。媒体公司致力于扩大创新以使其分销技术多样化，这反过来又促使产业实践进行重大调整。新的数字技术和互联网分销基础设施拓宽了传媒学者关注的领域，与前数字传媒研究相比，他们开始更多地关注能够实现当代媒体体验的基础设施、设备和软件。

正如前几章中引用的几项研究所表明的，研究数字技术对传媒影响的学术研究有多种形式。研究调查了现已跻身全球市值最大公司之列的文字、图片和视频发行公司所掌握的力量，以及这些公司如何能够对政府、彼此和消费者行为行使权力。随着奈飞和Spotify等新分销商在关键方面改变产业领域的逻辑，研究探讨了产业层面的重组。研究还调查了新闻编辑室等机构如何适应二十年来几乎不断变化的企业融资方式，并相应地调整了它们制作的新闻产品；研究思考了特定职能，例如记者的日常工作，是如何演变的；还考察了意见领袖在新广告经济中的作用。还有一些学者侧重于从数字技术和媒体创造的生产文化方面研究这些话题。

过去十年的一个显著变化是电视和电影之间的界限越来越模糊，视频这个具有较少媒体特征的术语也被频繁使用。最近的许多研究已经打破了"新"或"数字"媒体与传统电影电视之间的人为边界。在过去几年中，关于社交媒体娱乐创作者（Cunningham & Craig，2019）和电子竞技的互联网广播（Taylor，2018）的重要研究融合了产业和文化分析，以应对视频世界不断扩大的受众访问量。这类研究正在拓展必要的研究领域，因为对这些产业进行综合描述需要对包括技术开发人员、内容版主和算法设计师等中介进行调查。一些新的活动网站挑战了传媒研究的传统界限，因为众多视频游戏玩家和视频创作者将爱好和业余休闲活动发展为专业企业，从而走出家门。从视频到播客，再到在SoundCloud和Bandcamp上发布作品的音乐人，这些生产活动的规模使系统性研究的设计变得非常困难。代表性的案例是什么？常见的问题是什么？我们如何描述在公开报告收入的知名企业实体之外发生的大量媒体生产？此外，数字技术的转向促使越来越多的学者研究传统的、法律认可的产业结构之外的流通形式，并探索"非正式"媒体生产和流通的逻辑和实践（Lobato，2012; Lobato & Thomas, 2015; Eckstein & Schwarz, 2014）。以尼日利亚视频电影或新德里等城市小型音乐和视频产业激增的情况为例（Sundaram, 2009），研究阐述了非正规制作和发行模式是如何推动更广泛的社会和经济变革的。盗版网络和非正规经济揭示了媒体生产和流通的新模式，并往往在此过程中倒逼主流传媒业转型。对非正规传媒经济的研究也揭示了对业界和学术界关于品味、文化和身份的假设和叙述构成挑战的受众行为。从广义上讲，这些网站质疑了传媒的传统定义和边界，并鼓励我们反思传媒产业塑造文化的力量的局限性。

当然，关于数字技术和传媒，还有更多的问题需要回答。数字技术稍纵即逝、不断发展和无休止的迭代性质通常意味着，即使在研究完成之后、发表之前，研究背景也可能会发生重大变化。研究当代环境主题最具挑战性的任务之一是将它们与更广泛和持久的知识构建联系起来。迄今为止的许多学术研究仅为我们提供了一个理解的基本起点。因此，当调整后的产业逻辑特征开始稳定时，我们亟需从不断扩大的案例研究构建更深层次的理论。

全球化和媒体融合

三十多年来，学者、记者、艺术家和媒体制作人对全球化中诸多相互关联的经济、政治和社会文化维度进行了思考。虽然使用的方法和词汇不同，人们普遍认为，全球化一词指的是一个人类的生活和活动较少受到地理限制的世界。就传媒而言，媒体全球化绝不仅仅是一种"西方"现象。从 20 世纪 80 年代开始，亚洲、非洲、拉丁美洲和中东的媒体格局发生了巨大变化，跨国和区域电视网络取代并在某些情况下重振了集权化、公共且往往由国家监管的媒体系统。近年来，随着数字发行和在线视频网络（包括合法和法外网络）的逐步拓展，并为跨越国家、语言及其他政治和文化边界的媒体内容流动创造了新的渠道，这一过程愈演愈烈。

此外，自 20 世纪 90 年代初以来，香港、成都、孟买、班加罗尔、阿克拉、拉各斯等非西方世界的一些城市和区域枢纽已成为媒体和 ICT（信息和通信技术）设计、生产和流通的跨国网络的重要节点。在传媒（Curtin, 2003; Govil, 2015）和数字文化（Chan, 2013）的丰富研究中，学者们展示了媒体和科技资本是如何在地方、区域、全球以及国家力量和因素之间复杂的互动中崛起的。这些因素包括国家政策、技术进步、建筑环境、人才迁移以及媒体大亨和风险投资家的愿望和野心。因此，媒体的全球化非但没有带来英美媒体、文化和价值观压倒一切本土文化的同质化的世界体系，反而催生了新的高度混合的文化生产和文化认同的规模和形式。

可以肯定的是，媒体行业的这些变革是涉及新自由主义经济政策的采用以及不同经济部门的放松管制和私有化的更广泛转型的一部分。在许多国家，市场导向的改革转向和商业媒体系统的出现与新形式的宗教民族主义和其他保守运动同时存在（Fernandes, 2006; Abu-Lughod, 2005）。但总体而言，在重塑地方与文化之间的联系时，全

7. 结论：传媒产业研究的未来方向

球化带来了世界各地媒体文化的传播与融合，而非破坏（Tomlinson，1999）。

包括科廷（Curtin，2009）在内的学者指出，传媒产业的历史研究仍然集中在美国的电影和电视上。在那些美国以外的地方，学者们主要关注的是传媒/文化帝国主义、国家政策和美学等问题（Curtin，2009）。十年之后，我们评估发现，大量丰富的产业研究集中在北大西洋以外的国家。尽管我们对世界传媒产业的理解仅基于对少数几个吸引英美学术兴趣和资金的媒体中心和地区（印度、中国、非洲部分地区和拉丁美洲）的研究，但我们仍然对青年学者去西方中心化的承诺持乐观态度。

在这个不断拓展的学术体系中，我们将强调两个对传媒学者来说至关重要的问题。在研究构成传媒运营规模（区域、国家、全球等）基础的商业行为、战略和生产文化时，最重要的是要避开同质化的叙述，或走向另一个极端——过于强调地方差异。换句话说，我们必须避免一种思维陷阱：即比如，以亚洲为基地的传媒全球化意味着对媒体生产和资本主义网络现有关系的一种简单替换。正如赵月枝（Yuezhi Zhao，2003）和戈维尔（Govil，2015）在中国和印度的研究所表明的，传媒研究需要更多地融入资本主义和市场文化的历史和理论，以便理解媒体全球化理论中尚未涉及的那些新的社会和制度安排。我们还应补充的一点是，这并不意味着记录一套看起来具有"印度"或"中国"特征的做法。更重要的任务是解释国家、市场和媒体动态与更广泛的经济、政治和社会形态之间的独特关系。

如果说传媒的形成和发展的历史是学者们需要进一步探讨的重要课题，那么另一个相关问题则与媒体融合有关。亨利·詹金斯（Henry

Jenkins，2006）的研究方法极大影响了我们对媒体融合的理解，该方法超越了对技术层面的关注，探讨了他称为融合文化的产业和文化特征。对于詹金斯来说，融合指的是"跨媒体平台的内容流动、多个传媒产业之间的合作，以及媒体受众的迁移行为，他们几乎会去任何地方寻找他们想要的娱乐体验"（2006：2）。詹金斯密切关注"旧"和"新"媒体技术之间的关系，探索了美国传媒产业运营的变化，以及围绕媒体和流行文化的参与式文化如何在一些重要方面塑造这一快速发展的媒体领域。

这种思考融合的框架对于理解全球各种背景下的技术和产业融合过程是极有助益的。然而，过去二十年来亚洲或非洲国家的媒体发展和变化速度混淆了作为媒介融合重要讨论依据的"旧"和"新"媒体的概念。正如拉维·桑达拉姆（Ravi Sundaram）关于媒体与城市基础设施之间关系的研究所表明的，自20世纪90年代初以来，建立在低成本复制技术基础上的复制和回收文化"模糊了媒体生产者和消费者之间的区别，增加了诸如音像店、影印和设计店、集市、有线电视网络、盗版等的媒体基础设施和媒体形式（图像、视频、手机短信/文本、声音）的扩散"（2009：3）。简言之，媒体融合在不同的社会文化背景下有着不同的轨迹和形式。因此，传媒研究学者的任务是将当代媒体融合置于电影、广播、有线和卫星电视以及其他新兴数字媒体基础设施和平台之间相互关系的悠久历史中。更广泛地说，我们需要深化和完善我们对与丽莎·帕克斯（Lisa Parks）所说的"环境、社会经济和地缘政治条件"（2015：357）有关的媒体和通信基础设施、技术以及产业和机构之间紧密交织的历史的理解。

7. 结论：传媒产业研究的未来方向

企业整合

虽然导致媒体公司之间大规模合并和集团化的放松管制行动大部分发生在 20 世纪 80 和 90 年代，但这些结构调整的影响并未立刻显现出来，公司本身需要数十年的内部运营调整，以建立适应其新规模的规范和做法。在许多情况下，涉及行业内部整合、跨行业集团化，及全球媒体公司设立的所有权实质性转变发生在数字技术带来的长期调整之前。

因此，通常很难确定媒体体系的当代政治经济学的哪些部分归因于重新配置的所有权环境，而非数字技术适应。所有权研究的重点正在从描述最初的重组和预想的后果（Wasko，1994）进一步拓展，并在某些情况下，对所有权规模均产生一致结果这一假设提出了挑战。例如，皮卡尔和韦泽尔（Picard & van Weezel, 2008）的研究不仅限于关注从独立报纸所有权到连锁报纸所有权的转变，以及推测或通过举例分析其后果。相反，他们系统地探索了不同形式的报纸所有权。值得注意的是，在进行实证分析之后，他们得出结论，诸如私人持有与公开上市交易等的区别并不是决定性因素，因为管理方式可能导致更大的差异。在有些情况下，连锁所有权为需要技术升级的独立报纸注入了急需的资金，使其能够生产出更好的新闻产品。但在其他情况下，它带来了资产负债表的持续增长，这产生了短期关注和成本削减，但从长远来看对新闻产品是一种削弱。克雷恩（Crain，2009）研究了另一种所有权类型——报纸的私人股本所有权，并结合了近几十年来众多有关私人股本所有权对许多行业的影响的研究（Appelbaum & Batt，2014）。

传媒研究仍然需要有关所有权的基础性研究和旨在确定特定所有权结构、管理风格、行业绩效指标或方法的调查。媒体机构在过去二十年中所面临的颠覆性破坏以及那些经受住了好坏调整的媒体机构之间的比较，可能会拓展我们的知识范畴，尤其有助于我们探索企业行为的其他方面。对于任何一种所有权结构来说，几乎没有什么是恒定不变的，但是关于所有权如何与其他特征相关联，从而产生特定的结果，还有很多东西需要了解。例如，为什么公开上市交易和私人股本所有权的增加对报纸产生了如此灾难性的后果，而视听公司似乎没有受到持续季度增长需求的显著影响？

下个十年的传媒产业研究

鉴于传媒在全球社会的经济、政治和文化层面的中心地位，来自不同学科的学者参与到传媒研究中来也就不足为奇了。伴随着这种兴趣，来自 STS（译者注：科学技术社会，science technology society）、管理研究、经济学等领域的关键词、概念和框架大量涌现。尽管这种跨学科的兴趣是一种积极的发展，但我们始终将"文化"视为植根于更广泛的传媒研究领域的传媒研究的一个关键词。除了考察传媒研究为什么在过去十年中出现，它现在的情况如何，以及它的未来走向之外，我们还需要思考它能为当下社会做出什么贡献。

例如，我们如何反思在由三四十年的新自由主义资本主义发展造成的严重不平等的时代，研究资本主义主导的传媒的意义？传媒研究可以为理解环境退化带来什么？或者，传媒研究如何解决有关基础设施、为互联网分布式媒体服务提供动力的能源密集型数据中心，以及

7. 结论：传媒产业研究的未来方向

我们用后迅速弃置的媒体设备所需的稀土矿物开采等媒体环境政治问题？我们如何看待与内容分发和劳动力流动等跨国现实相对应的国际政策与监管？这些主题与传媒研究有着明显的相关性，是未来几十年人文和社会科学的许多学科的核心问题。

20世纪60年代末，以及当时公开表现的冲突与不满，对少数人而言是遥远的记忆，但是对今天在这一领域工作的大多数人来说，则是历史上的教训。然而，20世纪60年代的文化条件与当代的相似性会让人疑惑，今天的质疑和担忧是否也同样会激发人们对媒体机构在传播和构建这些催化长期酝酿的不满情绪中的作用的创新拓展研究。

除了这些特定领域之外，未来十年传媒研究还有机会探索建立更连贯的知识体系，并认识到传媒之间的联系而从对电视、报纸、电影、录制音乐等的孤立研究中走出来。当然，基础研究具有行业特殊性，但广泛阅读和思考特定研究如何增进人们对传媒的了解是极有价值的。正如我们在产业一章的结论中强调的，电影和录制音乐产业学术研究中都有大量关于"独立公司"这一概念的文献，并且这一讨论也延伸到了报纸产业的学术研究中。作为具体调查过程的一部分，思考观点在其他行业中的相应表现是有价值的。尽管实践动态很难被完全理解，但这种方法有助于传媒研究拓展其理论丰富性。

作为传媒研究对话的一部分，研究广度所面临的挑战之一是，在回答什么是"好"的研究或研究的最重要组成部分是什么方面有很多不同观点。对一些人来说，研究的重点首先应该是考察权力结构。这个广泛的子领域从各种理论中汲取灵感来解释权力的运行，而这同样也可能会引发分歧。对于另一些人来说，以实证证据为基础的研究最为重要，建立在丰富且新颖数据上的研究胜过一切。还有些人可能对权力感兴趣，但更对可能无法用权力来解释的文化问题感到好奇。持这一观点的人可能会优先考虑将产业研究与文本和/或受众分析相结合的综合性研究。考虑到如此众多的选择，想要找到一种适合所有传媒研究者的研究方法无疑是相当困难的。

  总的来说，我们认为所有这些传媒研究方法都是有价值的，并出于不同原因侧重一些不同的研究。构成本书的所有"层次"都有为我们所偏爱的特征，但我们更会被某个特定的研究吸引，由于其涉及一些更有趣、尽管也许并不是那么重要的问题。有时，我们重视那些通过详细解释传媒运营某些方面的相互作用来推动讨论的学术研究，即使可能需要后续工作将这些解释与更宏观的分析和评论联系起来。我们欣赏对信息来源以及用于解释论据收集的分析方法的高度反思性分析，因为所有这些工作都不可避免地是片面的。我们直接谈及传媒研究的各种方法，以鼓励反思性，这也同时与我们将传媒研究视为一个子领域的观点相一致，这一领域包含各种研究传媒与文化交叉点的方法。在我们提供的这个帐篷式展示内包容了很多观点和对话。面对这样繁杂的研究，最好的方法是确定一个你希望有所贡献的学术对话，并明确你想要推动的进展。这意味着我们做研究并非为了研究本身，而是为了拓展现有的理解和提供新的观点，进而帮助其他人建立他们的贡献。

参考文献

Abel, R. (1987). French cinema: The first wave, 1915–1929. Princeton: Princeton University Press.

Abu-Lughod, L. (2005). Dramas of nationhood: The politics of television in Egypt. Chicago: University of Chicago Press.

Allen, R. C. (1980). Vaudeville and film, 1895–1915: A study in media interaction. New York: Arno Press.

Allen, R. C. and Gomery, D. (1985). Film history: Theory and practice. New York: McGraw-Hill.

Alvarado, M. and Buscombe, E. (1978). Hazell: The making of a TV series. London: British Film Institute.

Anderson, C. (1994). Hollywood TV: The studio system in the fifties. Austin: University of Texas Press.

Anderson, J. and Richie, D. (1959). The Japanese film: Art and industry. Rutland: Charles E. Tuttle Co.

Anderson, T. (2013). From background music to above-the-line actor: The rise of the music supervisor in converging televisual environments. Journal of Popular Music Studies, 25(3), 371–388.

Appelbaum, E., and Batt, R. (2014). Private equity at work: When

Wall Street manages main street. New York: Russell Sage Foundation.

Armes, R. (1987). Third World film making and the West. Berkeley: University of California Press.

Athique, A., Parthasarathi, V. and Srinivas, S. (2018). The Indian media economy. New Delhi: Oxford University Press.

Auletta, K. (1991). Three blind mice. New York: Random House.

Babe, R. E. (2009). Cultural studies and political economy: Toward a new integration. Lanham: Lexington Books.

Bagdikian, B. H. (2004). The new media monopoly. Boston: Beacon Press.

Balio, T. (1976). United Artists: The company built by the stars. Madison: University of Wisconsin Press.

Balio, T. (1987). United Artists, Volume 2, 1951–1978: The company that changed the film industry. Madison: University of Wisconsin Press.

Balio, T., ed. (1990). Hollywood in the age of television. Boston: Unwin Hyman.

Banks, M. J. (2015). The writers: A history of American screenwriters and their guild. New Brunswick: Rutgers University Press.

Banks, M., Conor, B. and Mayer, V. (2015). Production studies, the sequel!: Cultural studies of global media industries. New York: Routledge.

Barnett, K. (2014). Talent scouts in US recording industry. In Johnson, D., Kompare, D., and Santo, A., eds., Making media work: Cultures of management in the entertainment industries, 1st edn. New York: New York University Press, pp. 113–141.

Baym, N. (2018). Playing to the crowd: Musicians, audiences, and the intimate work of connection. New York: New York University Press.

Becker, R. (2006). Gay TV and straight America. New Brunswick: Rutgers University Press.

Biskind, P. (2004). Down and dirty pictures: Miramax, Sundance and the rise of independent film. New York: Simon and Schuster.

Boczkowski, P. (2004). Digitizing the news: Innovation in online newspapers. Cambridge: MIT Press.

Boddy, W. (1993). Fifties television: The industry and its critics. Urbana: University of Illinois Press.

Bordwell, D., Staiger, J. and Thompson, K. (1985). The classical Hollywood cinema: Film style and mode of production to 1960. New York: Columbia University Press.

Born, G. (2004). Uncertain vision: Birt, Dyke and the reinvention of the BBC. London: Secker and Warburg.

Bourdieu, P. (1984). Distinction: A social critique of the judgement of taste. Cambridge: Harvard University Press.

Boyd-Barrett, O. (1977). Media imperialism: Towards an international framework for the analysis of media systems. In Curran, J., Gurevitch, M., and Woollacott, J., eds., Mass communication and society, 1st edn. London: Edward Arnold, pp. 116–135.

Boyle, R. (2018). The talent industry: Television, cultural intermediaries and new digital pathways. Cham: Springer.

Brunsdon, C. and Morley, D. G. (1978). Everyday television:

Nationwide. London: British Film Institute.

Burns, T. (1977). The BBC: Public institution and private world. London: Macmillan.

Caldwell, J. T. (1995). Televisuality: Style, crisis, and authority in American television. New Brunswick: Rutgers University Press.

Caldwell, J. T. (2006). Cultural studies of media production: Critical industrial practices. In White, M. and Schwoch, J., eds., Questions of method in cultural studies, 1st edn. Malden: Blackwell, pp. 109–153.

Caldwell, J. T. (2008). Production culture: Industrial reflexivity and critical practice in film and television. Durham: Duke University Press.

Caldwell, J. T. (2013). Para-Industry: Researching Hollywood's blackwaters. Cinema Journal, 52(3), 157–165.

Cardoso, F. H. (1977). The consumption of dependency theory in the United States. Latin American Research Review, 12(3), 7–24.

Chakravartty, P. and Zhao, Y. (2008). Global communications: Toward a transcultural political economy. Lanham: Rowman and Littlefield.

Chan, A. (2013). Networking peripheries: Technological futures and the myth of digital universalism. Cambridge, MA: MIT Press.

Chirumamilla, P. (2019). Remaking the set: Innovation and obsolescence in television's digital future. Media, Culture and Society, 41(4), 433–448.

Christian, A. J. (2018). Open TV: Innovation beyond Hollywood and the rise of web television. New York: New York University Press.

Colloquy (1995). Critical studies in mass communication, 12(1).

Compaine, B. (1979). Who owns the media?: Concentration of ownership in the mass communications industry. New York: Knowledge Industry Publications.

Compaine, B. (1982). Who owns the media?: Concentration of ownership in the mass communications industry, 2nd edn. New York: Knowledge Industry Publications.

Compaine, B. (2001). The myths of encroaching global media ownership. Open Democracy. https://www.opendemocracy.net/en/article_87jsp/.

Compaine, B. and Gomery, D. (2000). Who owns the media?: Competition and concentration in the mass media industry. New York: Routledge.

Conor, B. (2014). Screenwriting: Creative labour and professional practice. London: Routledge.

Coon, D. (2018). Mythgarden: Collaborative authorship and counter-storytelling in queer independent film. Journal of Film and Video, 70(3–4), 44–62.

Couldry, N. (2015). Illusions of immediacy: Rediscovering Hall's early work on media. Media, Culture and Society, 37(4), 637–644.

Crain, M. (2009). The rise of private equity media ownership in the United States: A public interest perspective. International Journal of Communication, 208–239.

Crisp, V. (2015). Film distribution in the digital age: Pirates and professionals. London: Palgrave MacMillan.

Cruise O'Brien, R. (1975). Domination and dependence in mass communications: Implications for the use of broadcasting in developing countries. University of Sussex.

Cruise O'Brien, R. (1979). Mass communications: Social mechanisms of incorporation and dependence. In Villamil, J. J., ed., Transnational Capitalism and National Development. Atlantic Highlands.

Cunningham, S. and Craig, D. (2019). Social media entertainment: The new intersection of Hollywood and Silicon Valley. New York: New York University Press.

Cunningham, S. and Turner, G. (1993). The media in Australia: Industries, texts and audiences. Crows Nest: Allen and Unwin.

Curran, J. (2004). The rise of the Westminster school. In Calabrese, A. and references Sparks, C., eds., Toward a political economy of culture: Capitalism and communication in the twenty-first century, 1st edn. Lanham: Rowman and Littlefield.

Curran, J. (2002). Global media concentration: Shifting the argument. Open Democracy.

Curtin, M. (1995). Redeeming the wasteland: Television documentary and cold war politics. New Brunswick: Rutgers University Press.

Curtin, M. (2003). Media capital: Towards the study of spatial flows. International Journal of Cultural Studies, 6(2), 202–228.

Curtin, M. (2007). Playing to the world's biggest audience: The globalization of Chinese film and TV. Berkeley and Los Angeles: University of California Press.

Curtin, M. (2009). Thinking globally: From media imperialism to media capital. In Holt, Jennifer and Perren, Alisa, eds., Media industries: History, theory, and method. Malden, MA: Wiley-Blackwell.

D'Acci, J. (1994). Defining women: Television and the case of Cagney and Lacey. Chapel Hill: University of North Carolina Press.

D'Acci, J. (2004). Cultural studies, television studies, and the crisis in the humanities. In Spigel, L. and Olsson, J., eds., Television after TV: Essays on a medium in transition, 1st edn. Durham: Duke University Press, pp. 418–446.

Della Ratta, D., Sakr, N. and Skovgaard Petersen, J. (2015). Arab media moguls. London: IB Tauris.

Deuze, M. (2007). Media work. Cambridge: Polity.

Deuze, M., Martin, C. B., and Allen, C. (2007). The professional identity of gameworkers. Convergence, 13(4), 335–353.

Dombrowski, L. (2008). The Films of Samuel Fuller: If you die, I'll kill you. Middletown: Wesleyan University Press.

Donoghue, C. B. (2017). Localising Hollywood. London: British Film Institute.

Doyle, G. (2013). Understanding media economics. Los Angeles: Sage.

Du Gay, P. (1997). Production of culture/cultures of production. London: Sage/ Open University.

Du Gay, P., Hall, S., Janes, L., Mackay, H., and Negus, K. (1997). Doing cultural studies: The story of the Sony Walkman. London: Sage/

Open University.

Eckstein, L. and Schwarz, A. (2014). Introduction: Towards a postcolonial critique of modern piracy. Postcolonial piracy: Media distribution and cultural production in the global south. London: Bloomsbury, pp. 1–25.

Economic and Technological History. (1979). Cinema Journal, 18(2), Spring.

Elkins, E. (2019). Locked out: Regional restrictions in digital entertainment culture. New York: New York University Press.

Elliott, P. (1972). The making of a TV series: A case study in the sociology of culture. London: Constable.

Elsaesser, T. (1989). New German cinema: A history. New Brunswick: Rutgers University Press.

Fernandes, L. (2006). India's new middle class: Democratic politics in an era of economic reform. Minneapolis: University of Minnesota Press.

Foucault, M. (1979). Discipline and punish: The birth of the prison, trans. by Sheridan, A. New York: Vintage Books.

Freeman, M. (2016). Industrial approaches to media: A methodological gateway to industry studies. London: Springer.

Fritz, B. (2018). The big picture: The fight for the future of movies. Boston: Houghton Mifflin Harcourt.

Fung, A. (2006). Think globally, act locally: China's rendezvous with MTV. Global Media and Communication, 2(1), 71–88.

Gallagher, M. (2014). Another Steven Soderbergh experience:

Authorship and contemporary Hollywood. Austin: University of Texas Press.

Gans, H. (1979). Deciding what's news: A study of CBS Evening News, NBS Nightly News, Newsweek and Time. Evanston: Northwestern University Press.

Ganti, T. (2012). Producing Bollywood: Inside the contemporary Hindi film industry. Durham: Duke University Press.

Garnham, N. (1979). Contribution to a political economy of mass-communication. Media, Culture and Society, 1(2), 123–146.

Giddens, A. (1984). The constitution of society: Outline of the theory of structuration. Berkeley and Los Angeles: University of California Press.

Gitlin, T. (1983). Inside prime time. New York: Pantheon.

Glasgow Media Group. (1976). Bad news. Theory and Society, 3, 339–363.

Golding, P. and Elliot, P. (1974). Mass communication and social change: The imagery of development and development of imagery. In de Kadt, E. and Williams, G., eds., Sociology and development. London: Tavistock, pp. 229–254.

Gomery, D. (1992). Shared pleasures: A history of movie presentation in the United States. Madison: University of Wisconsin Press.

Gomery, D. (2005). The coming of sound. New York: Routledge.

Gopal, S. (2019). Media meddlers: Feminism, television and gendered media work in India. Feminist Media Histories, 5(1), 39–62.

Govil, N. (2013). Recognizing "industry". Cinema Journal, 52(3),

172–176.

Govil, N. (2015). Orienting Hollywood: A century of film culture between Los Angeles and Bombay. New York: New York University Press.

Gramsci, A. (1971). Selections from the prison notebooks, trans. by Hoare, Q. and Nowell-Smith, G. New York: International.

Gray, H. (1995). Watching race: Television and the struggle for "blackness". Minneapolis: University of Minnesota Press.

Gray, K. L. and Leonard, D. J. (2018). Woke gaming: Digital challenges to oppression and social injustice. Seattle: University of Washington Press.

Guback, T. H. (1969). The international film industry. Bloomington: Indiana University Press.

Gunning, T. (1986). The cinema of attractions: Early film, its spectator and the avant-garde. Wide Angle, 8(3–4), 63–70.

Hall, S. (1980). Cultural studies: Two paradigms. Media, Culture and Society, 2, 57–72.

Hall, S. (1980b). Encoding/decoding. In Hall, S., Hobson, D., Lowe, A., and Willis, P., eds., Culture, media, language, 1st edn. London: Hutchinson, pp. 128–138.

Hall, S., Critcher, C., Jefferson, J., Clarke, J., and Roberts, B. (1978). Policing the crisis: Mugging, the state, and law and order. London: Springer.

Hardt, M. and Negri, A. (2004). Multitude: War and democracy in the age of empire. New York: Penguin.

Harvey, D. (1990). The condition of postmodernity: An enquiry into the origins of cultural change. Malden, MA: Blackwell Publishers.

Havens, T. (2006). Global television marketplace. London: British Film Institute.

Havens, T. (2014). Towards a structuration theory of media intermediaries. In Johnson, D., Kompare, D., and Santo, A., eds., Making Media Work: Cultures of management in the entertainment industries. New York: New York University Press, pp. 39–63.

Havens, T., Lotz, A., and Tinic, S. (2009). Critical media industry studies: A research approach. Communication, Culture and Critique, 2(2), 234–253.

Havens, T. and Lotz, A. (2014). Understanding media industries, 2nd edn. Oxford: Oxford University Press.

Hayward, S. (1993). French national cinema. London: Routledge.

Head, S. W. (1974). Broadcasting in Africa: A continental survey of radio and television. Philadelphia: Temple University Press.

Herbert, D. (2014). Videoland: Movie culture at the American video store. Berkeley: University of California Press.

Herbert, D., Lotz, A., and Marshall, L. (2019). Approaching media industries comparatively: A case study of streaming. International Journal of Cultural Studies, 22(3), 349–366.

Hesmondhalgh, D. (1997). Post-punk's attempt to democratise the music industry: The success and failure of rough trade. Popular Music, 16(3), 255–274.

Hesmondhalgh, D. (1999). Indie: The institutional politics and aesthetics of a popular music genre. Cultural studies, 13(1), 34–61.

Hesmondhalgh, D. (2001). Ownership is only part of the media picture. Open Democracy.

Hesmondhalgh, D. (2010). Media industry studies, media production studies. Media and Society, 5, 145–164.

Hesmondhalgh, D. (2019). The cultural industries. 4th edn. London: Sage.

Hill, E. (2014). Recasting the casting director: Managed change, gendered labor. In Johnson, D., Kompare, D., and Santo, A., eds., Making media work: Cultures of management in the entertainment industries. New York: New York University Press, pp. 142–164.

Hill, E. (2016). Never done: A history of women's work in media production. New Brunswick: Rutgers University Press.

Hilmes, M. (1990). Hollywood and broadcasting: From radio to cable. Urbana: University of Illinois Press.

Hilmes, M. (2018). Foreword. In Kackman, M. and Kearney, M., eds., The craft of criticism: Critical media studies in Practice, 1st edn. New York: Routledge, pp. xii–xiii.

Himberg, J. (2017). The new gay for pay: The sexual politics of American television production. Austin: University of Texas Press.

Hirsch, P. (1972). Processing fads and fashions: An organization-set analysis of cultural industry systems. American Journal of Sociology, 77(4), 639–659.

Holt, J. (2011). Empires of entertainment: Media industries and the politics of deregulation, 1980–1996. New Brunswick: Rutgers University Press.

Holt, J. and Perren, A. (2009). Media industries: History, theory, and method. Oxford: Wiley-Blackwell.

Horkheimer, M. and Adorno, T. W. (2002) [1944]. The culture industry: Enlightenment as mass deception. In Dialectic of enlightenment. Philosophical fragments, trans. by Jephcott, E. Stanford: Stanford University Press, pp. 94–136.

Innis, H. (1950). Empire and communications. Oxford: Clarendon.

Innis, H. (1951). The bias of communication. Toronto: University of Toronto Press.

Iwabuchi, K. (2010). Globalization, East Asian media cultures and their publics. Asian Journal of Communication, 20(2), 197–212.

Jäckel, A. (2003). European film industries. London: British Film Institute.

Jenkins, H. (2006). Convergence culture: Where old and new media collide. New York: New York University Press.

Johnson, R. (1986). What is cultural studies anyway? Social Text, 16, 38–80.

Juul, J. (2010). A casual revolution: Reinventing video games and their players. Cambridge: MIT press.

Kaposi, I. (2001). Voices from the Hungarian edge. Open Democracy.

Keane, M. (2015). The Chinese television industry. London: British

Film Institute.

Kemper, T. (2009). Hidden talent: The emergence of Hollywood agents. Berkeley: University of California Press.

Kerr, A. (2017). Global games: Production, circulation and policy in the networked era. London: Routledge.

Khalil, J. and Kraidy, M. (2017). Arab television industries. London: Bloomsbury Publishing.

King, G. (2005). American independent cinema. London: IB Tauris.

Kracauer, S. (1947). From Caligari to Hitler: A psychological study of the German film. Princeton: Princeton University Press.

Kraidy, M. (2005). Hybridity, or the cultural logic of globalization. Philadelphia: Temple University Press.

Krings, M. and Okome, O. (2013). Global Nollywood: The transnational dimensions of an African video film industry. Bloomington: Indiana University Press.

Kumar, S. (2006). Gandhi meets primetime: Globalization and nationalism in Indian television. Urbana: University of Illinois Press.

Larkin, B. (2008). Signal and noise: Media, infrastructure, and urban culture in Nigeria. Durham: Duke University Press.

Lent, J. A. (1978). Broadcasting in Asia and the Pacific: A continental survey of radio and television. Philadelphia: Temple University Press.

Levine, E. (2001). Toward a paradigm for media production research: Behind the scenes at General Hospital. Critical Studies in Media Communication, 18(1), 66–82.

Lewis, J. (1997). Whom God wishes to destroy: Francis Coppola and the new Hollywood. Durham: Duke University Press.

Lobato, R. (2012). Shadow economies of cinema: Mapping informal film distribution. Bloomsbury Publishing.

Lobato, R. and Thomas, J. (2015). The informal media economy. Cambridge: Polity.

Lotz, A. and Newcomb, H. (2012). The production of media fiction. In Jensen, K., ed., A handbook of media and communication research, 2nd edn. New York: Routledge, pp. 71–86.

Lotz, A. D. (2006). Redesigning women: Television after the network era. Urbana: University of Illinois Press.

Lotz, A. D. (2018). We now disrupt this broadcast: How cable transformed television and the internet revolutionized it all. Cambridge: MIT Press.

Mankekar, P. (1999). Screening culture, viewing politics: An ethnography of television, womanhood, and nation in postcolonial India. Durham: Duke University Press.

Martin Jr., A. L. (2018). Introduction: What is queer production studies/why is queer production studies? Journal of Film and Video, 70(3–4), 3–7.

Martin Jr., A. L. (2015). Scripting black gayness: Television authorship in blackcast sitcoms. Television and New Media, 16(7), 648–663.

Mattelart, A. (1976). Cultural imperialism in the multinationals' age.

Instant Research on Peace and Violence, 6 (4), 160–174.

Mattelart, A. (1979). Multinational corporations and the control of culture: The ideological apparatuses of imperialism. Brighton: Harvester.

Mattelart, A. and Dorfman, A. (1975). How to read Donald Duck: Imperialist ideology in the Disney comic. New York: International General.

Mayer, V. (2011). Below the line: Producers and production studies in the new television economy. Durham: Duke University Press.

Mayer, V., Banks, M. and Caldwell, J. T. (2009). Production studies: Cultural studies of media industries. New York: Routledge.

Mazzarella, W. (2003). Shoveling smoke: Advertising and globalization in contemporary India. Durhamwi: Duke University Press.

McChesney, R. W. (1997). Corporate media and the threat to democracy. New York: Seven Stories Press.

McChesney, R. W. (2001). Policing the unthinkable. Open Democracy.

McDonald, P. (2013). Hollywood stardom. Oxford: Wiley-Blackwell.

Meehan, E. (1983). Neither heroes nor villains: Toward a political economy of the rating industry. PhD Dissertation. The University of Illinois at Urbana-Champaign.

Metz, C. (1974). Film language: A semiotics of the cinema. Chicago: University of Chicago Press.

Miège, B. (1987). The logics at work in the new cultural industries. Media, Culture and Society, 9(3), 273–289.

Miège, B. (2011). Theorizing the cultural industries: Persistent specificities and reconsiderations. In Wasko, J., Murdock, G., and Sousa, H., eds., The handbook of political economy of communication. Malden, MA: Wiley-Blackwell.

Mihelj, S. and Huxtable, S. (2018). From media systems to media cultures: Understanding socialist television. Cambridge: Cambridge University Press.

Miller, J. (2012). Global Nollywood: The Nigerian movie industry and alternative global networks in production and distribution. Global Media and Communication, 8(2), 117–133.

Miller, T., Govil, N., McMurria, J. and Maxwell, R. (2001). Global Hollywood. London: British Film Institute.

Morley, D. (1980). The "Nationwide" audience: Structure and decoding. London: British Film Institute.

Morley, D. and Robins, K. (1995). Spaces of identity. New York: Routledge.

Mosco, V. (2009). The political economy of communication, 2nd edn. London: Sage.

Mulvey, L. (1975). Visual pleasure and narrative cinema. Screen. 16(3), 6–18.

Murdock, G. and Golding, P. (1973). For a political economy of mass communications. Socialist Register, 10(10).

Musser, C. (1990). The emergence of cinema: The American screen to 1907. Berkeley: University of California Press.

Negus, K. (1992). Producing pop: Culture and conflict in the popular music industry. London: E. Arnold.

Negus, K. (1999). Music genres and corporate cultures. London: Routledge.

Newcomb, H. and Alley, R. (1983). The producer's medium: Conversations with creators of America's leading television producers. Oxford: Oxford University Press.

Newman, M. (2011). Indie: An American film culture. New York: Columbia University Press.

Nguyen-Thu, G. (2018). Television in post-reform Vietnam: Nation, media, market. New York: Routledge.

O'Donnell, C. (2014). Developer's dilemma: The secret world of videogame creators. Cambridge: MIT Press.

Ortner, S. (2013). Not Hollywood: Independent film at the twilight of the American dream. Durham: Duke University Press.

Ortner, S. B. (2009). Studying sideways: Ethnographic access in Hollywood. In Mayer, V., Banks, M., and Caldwell, J. T., eds., Production studies, 1st edn. New York: Routledge, pp. 183–197.

Owen, B. and Wildman, S. (1992). Video economics. Cambridge: Harvard University Press.

Parks, L. (2018) Industries and infrastructures. Media in Transition Conference. Utrecht University, Netherlands.

Parks, L. (2015). Stuff you can kick: Toward a theory of media infrastructures. In Svensson, Patrik and Goldberg, David Theo, eds., Between the humanities and the digital. Cambridge: MIT Press.

Parks, L. and Starosielski, N. (2015). Signal traffic: Critical studies of media infrastructures, 1st edn. Urbana: University of Illinois Press.

Parks, L. and Kumar, S. (2002). Planet TV: A global television reader. New York: New York University Press.

Paterson, C., Lee, D., Saha, A., and Zoellner, A. (2016). Advancing media production research: Shifting sites, methods, and politics. London: Springer.

Pendakur, M. (1985). Dynamics of cultural policy making: The US film industry in India. Journal of Communication, 35, 52–72.

Perren, A. (2012). Indie, inc.: Miramax and the transformation of Hollywood in the 1990s. Austin: University of Texas Press.

Peterson, R. (1982). Five constraints on the production of culture: Law, technology, market, organizational structure and occupational careers. Journal of Popular Culture, 16(2), 143–152.

Peterson, R. and Anand, N. (2004). The production of culture perspective. Annual Review of Sociology, 30, 311–344.

Petre, C. (2015). The traffic factories: Metrics at chartbeat, gawker media, and *The New York Times*. Tow Center for Digital Journalism.

Picard, R. (2002). The economics and financing of media companies. New York: Fordham.

Picard, R. G. and van Weezel, A. (2008). Capital and control: Consequences of different forms of newspaper ownership. The International Journal on Media Management, 10(1), 22–31.

Pillai, S. (2015). Madras studios: Narrative, genre, and ideology in Tamil cinema. New Delhi: Sage Publications India.

Powdermaker, H. (1950). Hollywood, the dream factory: An anthropologist looks at the movie-makers. Boston: Little, Brown and Company.

Punathambekar, A. (2013). From Bombay to Bollywood: The making of a global media industry. New York: New York University Press.

Redvall, E. (2013). Writing and producing television drama in Denmark: From the *Kingdom* to *The Killing*. New York: Springer.

Reese, S. (2009). Managing the symbolic arena: The media sociology of Herbert Gans. In Holtz-Bacha C., Reus G., Becker L. B., eds., Wissenschaft mit Wirkung, 1st edn. VS Verlag für Sozialwissenschaften, pp. 279–293.

Richie, D. (1971). Japanese cinema: Film style and national character. Garden City: Doubleday.

Rivero, Y. M. (2015). Broadcasting modernity: Cuban commercial television, 1950–1960. Durham: Duke University Press.

Robinson, S. (2011). Convergence crises: News work and news space in the digitally transforming newsroom. Journal of Communication, 61, 1122–1141.

Rosten, L. (1941). Hollywood: The movie colony, the movie makers. New York: Harcourt, Brace, and co.

Roussel, V. (2017). Representing talent: Hollywood agents and the making of movies. Chicago: University of Chicago Press.

Saha, A. (2011). Negotiating the third space: British Asian independent record labels and the cultural politics of difference. Popular

Music and Society, 34(4), 437–454.

Saha, A. (2018). Race and the cultural industries. Cambridge: Polity.

Sarwar, B. (2001). The media in Pakistan: a new era? Open Democracy.

Scannell, P. (2007). Media and communication. London: Sage.

Scannell, P. and Cardiff, D. (1991). A social history of British broadcasting. 1. 1922–1939, serving the nation. Oxford: Blackwell.

Schatz, T. (1988). The genius of the system: Hollywood filmmaking in the studio era. New York: Pantheon.

Schiller, H. (1969). Mass communications and American empire. Boston: Beacon Press.

Schiller, H. (1976). Communication and cultural domination. New York: Sharpe.

Schiller, H. (1992). Mass communication and American empire, 2nd edn. Boulder: Westview.

Schlesinger, P. (1978). Putting reality together: The BBC Newsroom. London: Constable.

Schramm, W. (1964). Book review of the month: Who is to know?: Mass media and national development: The role of information in the developing countries. American Behavioral Scientist, 8(3), 19–20.

Seaver, N. (2018) Captivating algorithms: Recommender systems as traps. Journal of Material Culture.

Sender, K. (2005). Business, not politics: The making of the gay market. New York: Columbia University Press.

Sinclair, J. (1986). Dependent development and broadcasting: The Mexican formula. Media, Culture and Society, 8(1), 81–101.

Smythe, D. (1977). Communications: Blindspot of western Marxism. Canadian Journal of Political and Social Theory, 1(3), 1–27.

Smythe, D. W. (1981). On the audience commodity and its work. In Durham, M. G. and Kellner, D. M., eds., Media and cultural studies, 1st edn. Malden: Blackwell, pp. 230–256.

Spigel, L. (1992). Make room for TV: Television and the family ideal in postwar America. Chicago: University of Chicago Press.

Srinivas, S. V. (2013). Politics as performance: A social history of the Telugu cinema. New Delhi: Permanent Black.

Straubhaar, J. (1991). Beyond media imperialism: Asymmetrical interdependence and cultural proximity. Critical Studies in Mass Communication, 8(1), 39–59.

Straubhaar, J. D. (2007). World television: From global to local. London: Sage.

Street, S. (1997). British national cinema. London: Routledge.

Sullivan, J. (2009). Leo C. Rosten's Hollywood: Power, status, and the primacy of economic and social networks in cultural production. In Mayer, V., Banks, M., and Caldwell, J. T., eds., Production studies, 1st edn. New York: Routledge, pp. 47–61.

Sundaram, R. (2009). Pirate modernity: Delhi's media urbanism. New Delhi: Routledge.

Szczepanik, P. and Vonderau, P. (2013). Behind the screen: Inside

European production cultures. New York: Palgrave Macmillan.

Tartikoff, B. and Leerhsen, C. (1993). The last great ride. New York: Delta.

Taylor, T. L. (2018). Watch me play: Twitch and the rise of game live streaming. Princeton: Princeton University Press.

Thompson, J. (2013). Merchants of culture: The publishing business in the twenty-first century. Cambridge: Polity.

Tinic, S. (2005). On location: Canada's television industry in a global market. Toronto: University of Toronto Press.

Tomlinson, J. (1999). Globalization and culture. London: Polity.

Tuchman, G. (1978). Making news: A study in the construction of reality. New York: Free Press.

Tunstall, J. (1991). A media industry perspective. Annals of the International Communication Association, 14(1), 163–186.

Turner, G. (1990). Representing the nation. In Bennett, T., ed., Popular fiction: Technology, ideology, production, reading. London: Routledge.

Turow, J. (1982). Unconventional programs on commercial television: An organizational perspective. Ettema, J. S. and Whitney, D. C., eds., Individuals in mass media organizations: Creativity and constraint. Thousand Oaks: Sage.

Turow, J. (1992). The organizational underpinnings of contemporary media conglomerates. Communication Research, 19(6), 682–704.

Tussey, E. (2018). The procrastination economy: The big business of downtime. New York: New York University Press.

Tzioumakis, Y. (2006). Marketing David Mamet: Institutionally assigned film authorship in contemporary American cinema. The Velvet Light Trap, 57(1), 60–75.

Varis, T. (1973). International inventory of television programme structure and the flow of TV programmes between nations (Report of a Research Project Supported by UNESCO). Tampere: University of Tampere.

Warner, K. (2015). The cultural politics of colorblind TV casting. New York: Routledge.

Wasko, J. (1982). Movies and money: Financing the American film industry. Norwood: Ablex Publishing.

Wasko, J. (1994). Hollywood in the information age: Beyond the silver screen. Cambridge: Polity Press.

Wikström, P. (2013). The music industry: Music in the cloud, 2nd edn. Cambridge: Polity.

Wikström, P. (2020). The music industry: Music in the cloud, 3rd edn. Cambridge: Polity.

Williams, R. (1979). Politics and letters. London: New Left Books.

Wollen, P. (1972). Signs and meaning in the cinema. New and enlarged. Bloomington: Indiana University Press.

Wuest, B. (2018). A shelf of one's own: A queer production studies approach to LGBT film distribution and categorization. Journal of Film and Video, 70(3–4), 24–43.

Wyatt, J. (1994). High concept: Movies and marketing in Hollywood.

Austin: University of Texas Press.

Wyatt, J. (1996). Economic constraints/economic opportunities: Robert Altman as auteur. Velvet Light Trap, 38, 51–68.